AF275777

CONTRA LA CULTURA

EC

EDITORIAL CÁNTICO
COLECCIÓN LOS JUNCOS SALVAJES

DIRIGIDA POR RAÚL ALONSO Y MANUEL MATA

cantico.es · @canticoed

© Bruce Labruce, 2024
© Editorial Almuzara S. L., 2024
Editorial Cántico
Parque Logístico de Córdoba
Carretera de Palma del Río, km. 4
14005 Córdoba
© Edición y traducción: Manuel Mata, 2024
© Imagen de cubierta e imágenes interiores: Bruce LaBruce, 2024
© Diseño de cubierta: Dani Vera, 2024
© Fotografía de autor: Diaz Arri y Bruce LaBruce, 2024

ISBN: 978-84-19387-90-5
Depósito legal: CO 61-2024

Impresión y encuadernación:
Imprenta Luque S.L.

BRUCE LABRUCE

CONTRA LA CULTURA

EL CINE, LA MODA, EL PORNO Y EL ARTE DESDE LA MIRADA
RADICAL DEL CREADOR DEL ZINE QUEER PUNK

EDICIÓN Y TRADUCCIÓN DE MANUEL MATA

EDITORIAL CÁNTICO

COLECCIÓN   LOS JUNCOS SALVAJES

SOBRE EL AUTOR

Bruce LaBruce (Southampton, 1964) se dio a conocer en su juventud a través del zine queer punk *J.D.s* y desde entonces se ha convertido en un referente mundial de la transgresión, con una actitud irreductible y un talento incomparable para la provocación. Sea mediante sus fotografías, sus escritos o sus películas, es uno de esos autores que jamás dejan indiferente y cuya acidez es inconfundible.

El punk, la ironía, el fetichismo, la permeabilidad entre la alta y la baja cultura (por ejemplo entre cine independiente y pornografía, o entre la moda y lo kink), la rabia, el sexo, el activismo político y la brutal desarticulación de tabúes sociales son sólo algunos de los burbujeantes recursos que han construido su ecléctica trayectoria.

Ha dirigido escandalosas y esenciales películas del cine independiente como *No Skin Off My Ass*, *Super 8½*, *The Raspberry Reich*, *Otto; or Up with Dead People*, *L.A. Zombie*, *Gerontophilia*, *Pierrot Lunaire*, *It is Not the Pornographer That is Perverse...*, *The Affairs of Lidia*, *Saint-Narcisse* o *The Visitor*. Ha publicado diversos libros y fotolibros, como *Ride*, *Queer, Ride*, *The Reluctant Pornographer*, *Porn Diaries* o *Death book*. Asimismo, ha colaborado profusamente con numerosas publicaciones, tales como *The Guardian*, *Vice*, *Index Magazine*, *Exclaim!*, *Eye Weekly*, *National Post* o *Toronto Life*.

Su obra es admirada y censurada a lo largo de todo el mundo.

NOTA DEL EDITOR

Este libro, cuyo título se apoya conscientemente en *Contra el cine*, de Guy Debord, está compuesto por una selección de textos de Bruce LaBruce originalmente publicados en medios como Eye Weekly, Talkhouse, Exclaim! o Honcho. Algunos pertenecen a los 90's y otros a los 00's, pero todos ellos son incansablemente actuales gracias a la descarnada e irreductible mirada del autor, que se ha consolidado como uno de los creadores más provocadores y vanguardistas del último medio siglo.

El análisis cinematográfico se vuelve permeable al activismo político, la alta costura se confunde con la pornografía y el gore, el diario tradicional muta para convertirse en un making-of y el elitismo del arte contemporáneo se pervierte mediante la imposición del hedonismo ecléctico.

Este, por supuesto, no es un libro infantil, sino un manifiesto hetedoroxo para mayores de edad sobre cómo desbancar los principales tabúes de la sociedad desde la integridad artística y el espíritu punk.

Cualquiera que conozca el trabajo del autor, se encontrará aquí un valioso complemento. Quien lo descubra por primera vez, se topará con una seductora invitación a adentrarse en su obra.

Todos los textos aquí presentados fueron escritos desde el empeño de retratar el presente, reivindicar figuras clave del pasado y atacar a la hipocresía en todas sus formas. Cabe citar aquí al propio Bruce, cuando dice: "El estilo es la máxima expresión de la política".

Y también: "Uno nunca tiene suficiente mala reputación".

Y también: "Sería patético si no fuera tan transgresor".

INTRODUCCIÓN

POR BRUCE LABRUCE

Este libro recoge una selección de mis escritos de las últimas décadas, publicados originalmente en diversos medios. En mi juventud, a partir de los 18 años más o menos, empecé a llevar un diario, garabateando mis pensamientos desquiciados y mis deseos secretos en una variedad de cuadernos en blanco de tapa dura de distintos tamaños y grosores, con una letra desordenada que a veces se volvía casi ilegible dependiendo de mi estado de ánimo o de mi nivel de embriaguez o altanería. Cuando estudiaba en la Universidad de York, en Toronto, publiqué por primera vez mis escritos sobre cine, primero en un periódico escolar y luego en una revista de crítica cinematográfica radical de tendencia marxista llamada "Cine-Action!". Fui miembro del colectivo editorial fundador de esa revista bajo la dirección de mi profesor y director de tesis, el difunto y gran crítico de cine Robin Wood, autor del influyente ensayo "La responsabilidad del crítico de cine gay". Al mismo tiempo, empecé a publicar, con G.B. Jones, mi propio fanzine "queercore" llamado "J.D.s"[1], una publicación punk queer pornográfica underground de manufactura propia para la que compuse editoriales, desvaríos, manifiestos y relatos cortos autobiográficos. El Sr. Wood y la Sra. Jones fueron mis

---

[1] Para conocer la crónica histórica de este fanzine y de los que significó social y culturalmente remitimos al libro de Yoni Leyser *Queercore: cómo punkear una revolución* (Editorial Cántico, 2023) así como al documental del mismo título que recoge testimonios de los protagonistas de aquel fenómeno entre la comunidad queer-punk de Toronto de los años '80, incluyendo desde luego a Bruce LaBruce [N.E.]

dos principales mentores, ambos muy políticos, el primero fomentando mi lado más formal y académico, la segunda incitando mis tendencias más volátiles, anárquicas y contestatarias.

Cuando estaba a punto de cumplir los 20 y acababa de terminar mi máster en Cine y Pensamiento Social y Político, empecé a escribir columnas para dos publicaciones gratuitas de Toronto: una columna mensual llamada "BLAB" para la revista de música alternativa "Exclaim!", que mantuve durante diez años, y una columna quincenal llamada "Feelings" para el semanario "Eye Magazine", que duró seis años. La primera columna consistía más en escritos personales: delirios, crónicas de viajes, diarios de rodaje de películas y otras reflexiones sobre mi vida como punk queer, un monólogo sin filtros que levantó muchas cejas y a menudo hizo sonrojar a la gente, incluido yo mismo. La segunda consistía sobre todo en artículos de opinión y críticas, igualmente sin filtro, sobre temas tan variados como el cine, la arquitectura, la política sexual y las cuestiones sociales (tres de mis columnas más polémicas versaban sobre la circuncisión, la pederastia y el Papa). Mis columnas provocaron muchos chasquidos de lengua y debates en las tertulias, lo que acrecentó mi reputación de *enfant terrible*.

Después de que estas columnas siguieran su curso, continué escribiendo columnas regulares para diferentes publicaciones más internacionales, como el Gay Times del Reino Unido, Honcho, una publicación porno con sede en Nueva York, y la revista Vice. Como escritor ocasional colaboré con otras publicaciones, como The National Post (periódico nacional canadiense), Black Book, Dazed and Confused y Toronto Life, y durante un tiempo tuve una columna de cine titulada "The Academy of the Underrated" para la revista en línea Talkhouse.

Contra la Cultura es una muestra algo aleatoria de mis escritos extraídos de algunas de estas fuentes, un vistazo a la mente poco convencional de un maricón queer algo demente que sigue siendo una espina en el cremoso bajo vientre de la sociedad educada.

Toronto, 14 de marzo de 2024

POLAROIDS

Como introvertido empedernido, misántropo majestuoso y persona inherentemente inhibida, a veces tengo que obligarme a hablar con mis espectadores, aunque sólo sea para que no tengan la impresión de que soy un maldito esnob. Por eso cuando hace unos meses Wayne Baerwaldt, el impactante nuevo director de la galería de arte Power Plant de Toronto, me pidió que participara en un acto interactivo, pensé que sería una buena oportunidad para codearme con el populacho. Empecé mis performance con polaroids el año pasado en Los Ángeles, en un evento llamado Platinum Oasis (donde pronto repetiré), haciendo fotos instantáneas de gente posando en la cama ensangrentada de una habitación de hotel decorada como si fuera la escena de un crimen. Las instantáneas se vendían a cinco pavos cada una mientras la gente posaba entusiasmada con un machete o una escopeta. Los resultados eran deliciosamente demoníacos. En Power Plant, la burguesía posó junto a mi buen amigo (y extraordinario modelo) Justus, que se dedicó a hacer de stripper amateur para la basura blanca del sur profundo, lamiendo los tacones de aguja de las señoras y metiendo la lengua en orejas de distinguidos caballeros de sienes plateadas. Fue un éxito tan rotundo que me invitaron a realizar una intervención similar en su evento anual de recaudación de fondos, el Power Ball.

En esta ocasión decido añadir una pizca de sabor femenino al poético Justus, así que le pido a mi querida amiga Sasha, columnista sexual de la revista Eye y reina de la belleza burlesca, que participe. Le encanta la idea de desnudarse ante un grupo de ricos esnobs. Así que llegamos a la Power Plant y descubrimos que el amplio espacio que me han concedido ha sido meticulosamente decorado según mis especificaciones: un viejo colchón usado cubierto de plástico frente a un rincón de la habitación acondicionado con paneles de contrachapado estilo sótano de los setenta. Mírame y tiembla, Calvin Klein.

Justus se ha traído su disfraz favorito: un smoking blanco de Ted Nugent, un gorro blanco de Kangol y largos calcetines negros. Para reírse un poco, Sasha, que hace burlesque regularmente en el Lee's Palace y otros locales, se ha traído un hábito de monja con sujetador negro a juego, unos bombachos blancos con volantes de la época de "Pretty Baby" y una camiseta que se ha hecho para la ocasión con la palabra *LIBBER* escrita en ella. Ya sabéis, como la asociación Women's Libber. Me recuerda a la escena de la producción de Frank Perry *Diario de una esposa desesperada*, en la que una mujer escucha a Frank Langella siendo desmesuradamente cruel con Carrie Snodgress (la ex novia de Neil Young) en una fiesta neoyorquina esnob y burguesa, y luego pasa junto a él y le espeta: "¡Voy a denunciarte a la Women's Libber!". Resulta que la naturaleza exacta de lo que constituye la liberación de la mujer será objeto de acalorados debates más adelante.

Las cosas empiezan de forma bastante inocua, en gran parte porque, según mi experiencia, hasta que el público no está completamente borracho se muestra extrañamente reacio a posar de manera provocadora con una modelo desnuda para unas polaroids guarras. Esta resistencia, por supuesto, es doble cuando se trata con canadienses, en cuyo culo colectivo hay metido un enorme y oscuro palo. Un buen ejemplo de ello es el absurdo y repugnante comportamiento reciente de un comisario canadiense que intentó censurar mis fotografías de skinheads neonazis en una gran exposición en Milán; ciudad en la que ya estoy representado por una galería que, además, ha vendido con gran éxito muchas de mis fotografías de skinheads y diversas criaturas humanas. En un correo electrónico dirigido al comisario que eligió mi obra para la exposición, un profesor de historia del arte de Princeton llamado Ruben Gallo, esta mala pécora políticamente correcta y sin sentido del humor (la Sra. Jen Budney, de la Galería 101 de Ottawa) tuvo el descaro de decir que intentaba "proteger al público italiano" de mis sucias fotografías, que consideraba ofensivas para los homosexuales, los judíos y, presumiblemente, los homosexuales judíos. Teniendo en cuenta que la obra ya ha sido elogiada y vendida en todo el mundo, incluida una exposición patrocinada por mi galerista judío neoyorquino Aaron Rose, sólo puedo atribuir sus acciones a un caso grave de palo-en-el-cul-itis. El hecho de que este flagrante acto de censura provenga no sólo de Canadá, sino de la izquierda canadiense, no debería sorprendernos. Pero por favor, Sra. Budney, léase un libro de arte, y de paso otro de historia, antes de contaminar Europa con su ignorancia. ¿No ha visto usted la obra de su compatriota canadiense Attila Lucaks, que pasó diez años en Berlín y a menudo utiliza a los skinheads neonazis como tema? ¿No ha oído hablar de Pasolini, el cineasta italiano cuya película *Salo*, sobre fascistas italianos, fue en parte la inspiración de mi obra de temática neonazi? Además, el arte está hecho para provocar y ofender. ¿Por qué no te examinas la vagina con un espejo de mano y haces un vídeo sobre ello, feminazi?

¡Uf! Me alegro de haberme quitado esa espinita... Pero estoy divagando.

Según parece, también hay algunas feminazis canadienses en el Power Ball. Más tarde, Sasha me informa de que más de una mujer le intentó regañar por mostrar su cuerpo desnudo donde todo el mundo pudiese verlo, y además para un fotógrafo masculino, sobre todo cuando el stripper masculino que la acompañaba finalmente no se había quitado su ropa interior de camuflaje (amablemente proporcionada por el artista Will Munro). Sasha explicó pacientemente a las escuálidas damas que no hay nada vergonzoso en el cuerpo femenino, especialmente en el suyo, voluptuoso y natural, y que ha sido ella quien ha elegido mostrarlo porque lo encuentra saludable y liberador; ya sabéis, como los europeos. (Por cierto, le pedí a Justus que se lo quitara todo, pero no estaba de humor).

Estoy extremadamente ocupado, saludando talentosamente a los compradores (25 dólares por cada polaroid, que siempre saco por duplicado para quedarme con una copia) y lidiando con los odiosos medios de comunicación que se han abalanzado como buitres sobre mí. Bueno, algunos son amables, pero la CBC es prepotente, así que hago que el tipo que quiere sacarme la foto pague el precio completo. Como todos los medios de comunicación baratos de Toronto, cree que mis servicios deberían ser gratuitos y que yo debería estar agradecido por la publicidad. Ni de puta coña.

Afortunadamente, la Power Plant me ha proporcionado dos brillantes voluntarias, un par de mujeres negras de mediana edad que se encargan del dinero y de los formularios de autorización y vigilan las polaroids que pego en el muro de la vergüenza para que la gente las mire, por si acaso algún borracho rico y ligero de manos intenta robarme una. Tal y como sospechaba, una vez, mientras estoy ocupado fotografiando y las voluntarias atienden a otros clientes, un imbécil se fuga con una de mis importantes obras de arte. Estoy extremadamente enfadado porque alguien me haya hecho un Winona Ryder. Pido a las señoras negras que estén aún más atentas, y lo están: una de ellas pilla a un tipo con un traje de diseño camino de la puerta con una polaroid en su sudorosa mano. Se la quita de las zarpas y le regaña por su mal comportamiento. Más tarde, estas dos bellas voluntarias de clase media posan con mis modelos, incluida Sasha en su glorioso esplendor desnudo, sin el menor atisbo de timidez. La gente rica es tan vergonzosa...

En cualquier caso, también aparece mucha gente interesante, como la señora embarazada de ocho meses y medio que posa espalda con espalda con Sasha, y el joven matrimonio que quiere que le fotografíen estrangulándose el uno al otro, y la pequeña reinona que quiere que las modelos la adoren, igual que Truman Capote. Algunos se muestran condescendientes, otros intrigados, pero todos pasan un buen rato. Sobre todo los que disfrutan del otro espectáculo de la noche, un excelente nuevo grupo de Toronto llamado The Hidden Cameras o, como a mí me gusta llamarlos, Peter, Paul and Mary... and Mary... and Mary... and Mary...

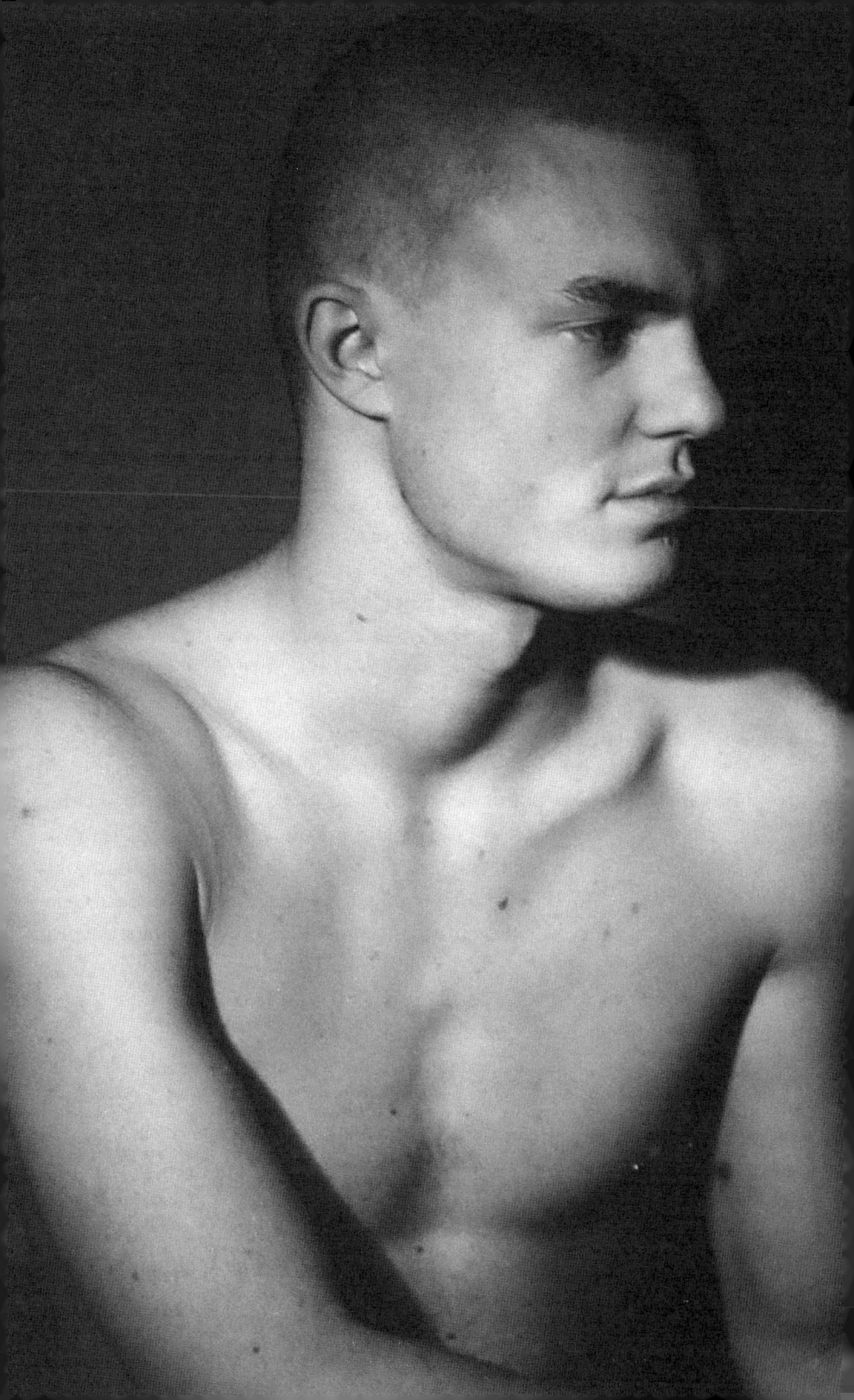

BUSCAVIDAS

Si te dijera que anoche me acosté con un chapero con escoliosis condenado por pederastia, ¿me creerías? Bueno, si me llamases mentiroso tendrías razón, porque no fue anoche sino hace varias semanas. No te diré en qué ciudad fue para proteger al implicado, pero sí te diré que el Hustler Bar en el que le conocí es uno de los establecimientos de este tipo más punteros de toda Norteamérica. Antes de que te montes una película, déjame decirte que él era poco más que un chaval cuando se produjeron los "tocamientos indebidos" (en el sótano de una iglesia, por supuesto), que él mismo fue víctima de abusos sexuales aproximadamente a la misma edad que su víctima, y que parece estar, tras su encarcelamiento juvenil y mucha terapia, completamente rehabilitado. Era un personaje intenso como un halcón, cuya enfermedad infantil le hacía caminar con paso de tortuga, como si estuviera permanentemente encallado en la cubierta de un barco en un mar tempestuoso. Como un pájaro con un ala rota. Tan Flannery O'Connor que apenas podía soportarlo.

Últimamente parece que me lanzo en busca de los personajes más trágicos. Claramente no se trata de polos opuestos atrayéndose, sino más bien de que la miseria ama la compañía. Justus, mi cazatalentos de modelos, me proporcionó hace poco un jovencito para que lo fotografiara para Honcho, la lustrosa y reluciente revista porno estadounidense en la que trabajo para pagar las facturas. Como el poético Justus además trabaja en una tienda de ropa de segunda mano, también me proporcionó un uniforme vintage de McDonald's de los con fusiles de asalto AK-47. Si sus hijos le preguntaban por el origen de aquellas fotos lo más probable era que recibiesen como respuesta un cinturonazo en la boca.

El chico posa ahora alegremente para la cámara, despojándose con aplomo de su uniforme de McD's. Más tarde vamos, con él aún en uniforme, a un McDonald's de verdad y le pregunto a la encargada si puedo hacerle unas cuantas instantáneas simulando que trabaja detrás del mostrador. Sorprendentemente, ella acepta. Termino fotografiándole delante de un cartel de McChicken. En un mundo ideal, este sería el nombre del reportaje, pero por desgracia va a ser difícil que se me permita publicar las fotos debido a restricciones de derechos de autor. Pero bueno. Quién sabe, quizá algún día acaben en el Instituto Smithsonian.

Una semana más tarde decido volar a Nueva York para reunirme con el famoso diseñador de zapatos Ernesto Esposito, que solía ser diseñador adjunto en Vuitton. No es que tenga una repentina y desesperada crisis de calzado, es que él es el emisario de una galería de arte de Milán que quiere presentar algunas de mis fotografías, posiblemente en una exposición conjunta con Terry Richardson. Como por fin, a mi avanzada edad, me ha caído una tarjeta de crédito en el regazo, reservo un vuelo que no me puedo permitir y pongo rumbo al sur. Es justo la excusa que necesito, porque la última vez que estuve en Nueva York conocí, a través de un amigo común, a un adorable amputado que me dijo que posaría para Honcho.

Me pasa algo extraño con los amputados: me atraen y me repelen a la vez. Cuando era niño, creciendo en una granja, siempre había gatos y perros de tres patas que se habían llevado la peor parte en algún encontronazo con maquinaria agrícola, y la misma suerte corrieron varios de mis amigos y vecinos, a muchos de los cuales les faltaban dedos o extremidades. Uno de mis mejores amigos de primaria perdió el índice y el corazón de una mano por culpa de una barrena; solía plantarme los muñones en la cara en el autobús del colegio para acojonarme.

Greg, mi modelo, un exitoso maquillador de la industria de la moda, perdió el brazo derecho y la mayor parte de un hombro a causa de un cáncer a los ocho o nueve años; como perdió el miembro tan pronto, y debido a la magnitud de la amputación, nunca ha llevado prótesis, y se las apaña bastante bien sin ella, gracias. Tiene treinta y pocos, cara de niño, la cabeza rapada y es muy dulce. Lo fotografío en casa del bueno y viejo Chris Buck, utilizando una vez más a su encantadora ayudante japonesa Kyoko, con la que ahora está saliendo. Greg se presenta a la hora acordada en vaqueros y camiseta y, después de que yo elija un fondo índigo y expulse amigablemente a Kyoko de la habitación (a Greg le da vergüenza desnudarse en su presencia), nos ponemos manos a la obra. Pongo la película porno que ha traído (ha elegido *Large Latinos*, comprada en alguna acera) y se baja los pantalones. ¡Imagínate mi sorpresa cuando descubro que ya está completamente listo para la cámara! Es la primera vez que me pasa. Después de dos años de engatusar, convencer y solicitar erecciones, he encontrado a alguien para quien, según confiesa, la cámara actúa como un afrodisíaco instantáneo. Le hago fotos desde todos los ángulos concebibles, y desde algunos inconcebibles, lo que, teniendo en cuenta su fisonomía, produce efectos bastante espectaculares. Pero ya sea con un brazo o con dos, mi indicación más frecuente sigue siendo inalterablemente la misma: levanta la barbilla.

Después de hacer algunas apariciones a principios de semana, incluida una fiesta de presentación del nuevo disco de Rufus Wainwright en el Cock, a la que asistí muy apropiadamente con Parker Posey, mi cuerpo se rebela y sucumbo a una leve gripe estomacal que me tiene encadenado al wáter durante varios días. Me alojo en el apartamento del East Village de mi habitual director de fotografía, James Carman (o Jesucristo, como me gusta llamarlo), que es un completo loco de la salud y devoto del yoga. Su novia es una curandera psíquica, una encantadora y embrujada mujer de salvaje melena blanca y penetrantes ojos azules. James tiene un millón de pastillas en su apartamento (vitaminas, minerales, suplementos dietéticos), pero ninguna sirve para hacerme sentir mejor. Me obliga a meterme en la bañera con un cristal curativo (estoy tentado de usarlo como cepillo) y me colma con lociones, pociones, hongos, raíces, ojo de tritón. ¿Alguien quiere Tannis? Su novia me dice que cuando entró en el apartamento vio que mi aura era amarilla (signo inequívoco de enfermedad) y que en mi pecho estaba escrita la palabra "Gripe". ¿Quién sabía que las auras podían deletrear? Después de todos sus cuidados (también me masajean el aura y me hacen un poco de acupresión) me siento mejor, aunque sólo sea por la atención.

Jesucristo se preocupa por mi karma, teniendo en cuenta mis devaneos pornográficos; aunque por supuesto, habiendo rodado mi película porno, él es igualmente cómplice. Si el verdadero Jesucristo viviera hoy, probablemente también estaría trabajando en la industria del porno. Ahí es donde más se le necesitaría.

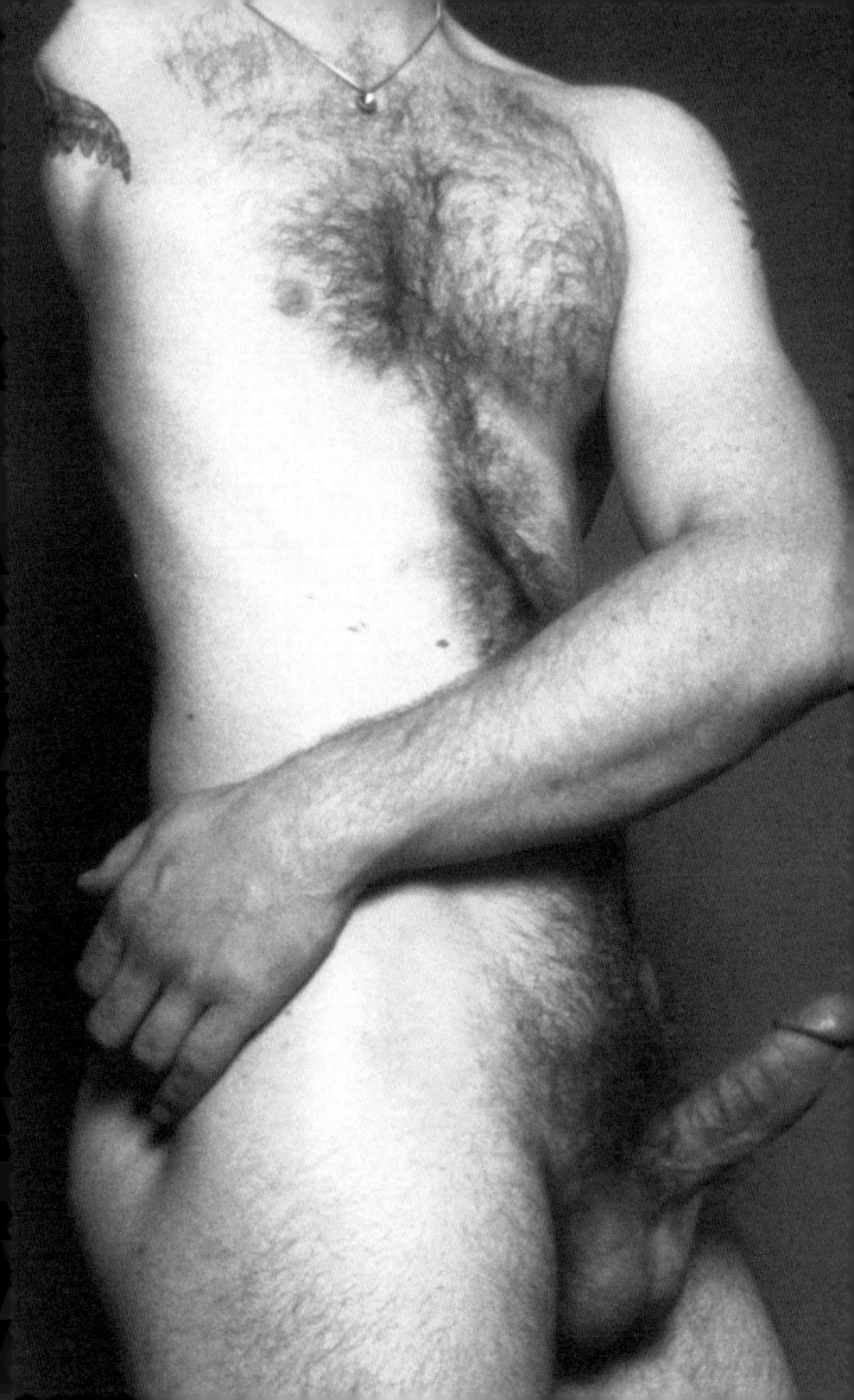

DEBBIE REYNOLDS

El reciente y triste fallecimiento de la leyenda de Hollywood Debbie Reynolds, al parecer debido a la muerte prematura de su hija, Carrie Fisher, me hizo reflexionar sobre la carrera cinematográfica de la valiente estrella y, en cierto modo, sobre lo poco apreciada que fue.

Su mejor amiga, y más tarde archienemiga, Elizabeth Taylor, siempre le hizo sombra, tanto dentro como fuera de la pantalla. Las dos se conocieron cuando eran adolescentes y estaban contratadas por MGM, pero Taylor obviamente se convirtió en una estrella mucho mayor, ganadora de dos Oscar, con una filmografía impresionante y una tumultuosa vida personal (se casó ocho veces) que dio lugar a jugosos tabloides durante décadas. En los años cincuenta, Reynolds estuvo casada con el galán Eddie Fisher, cuyo mejor amigo, el productor de cine Mike Todd, estaba casado con Elizabeth Taylor (de hecho, en su boda, Fisher fue el padrino de Todd y Reynolds la dama de honor de Taylor). Tras la muerte de Todd en un accidente aéreo, Fisher se involucró sentimentalmente con Taylor, divorciándose de Reynolds para casarse con ella en 1958. El suceso provocó un enorme escándalo y generó mucha simpatía hacia la despechada Reynolds, la Jennifer Aniston de su época. Aniston, como Reynolds, era la valiente chica de al lado con corazón de oro, la novia de América, que perdió a su marido a manos de una sensual y voluptuosa megaestrella: Angelina Jolie. (Hay que reconocer que Jolie, en cuanto a papeles en el cine y talento interpretativo, no es rival para Elizabeth Taylor). Taylor abandonó a Fisher cuando se enamoró de Richard Burton en el rodaje de *Cleopatra* en 1963, mientras que Reynolds eventualmente confesó que era a

Fisher, y no a Taylor, a quien culpaba de la ruptura de su matrimonio. En un último y desgarrador giro, Reynolds y Taylor volvieron a ser buenas amigas cuando, por casualidad, se encontraron en el mismo crucero. Es un bello e inesperado final feliz de melodrama femenino hollywoodiense, digno de Vincent Sherman o George Cukor, con las dos valientes estrellas femeninas reunidas después de que sus maridos se hubieran desvanecido tiempo atrás.

Después de su exitosa participación en *Cantando bajo la lluvia* (1952), Debbie Reynolds parecía encasillada para siempre en el papel de rubia burbujeante y apacible, de las que te llevas a casa para presentársela a tu madre. En los años cincuenta, en contraposición directa a las rubias explosivas como Marilyn Monroe y Jayne Mansfield, interpretó a la chica bondadosa de un buen número de comedias y musicales (*Ama, vive y aprende, El solterón y el amor, Los líos de Susana, La pícara edad, Tammy, la muchacha salvaje, Cómo atrapar un marido*, etc.), la eterna adolescente, decididamente virginal, sin demasiado atractivo sexual. Elizabeth Taylor, por su parte, terminó la década de los cincuenta con tres grandes papeles de bombonazo sexy (*La gata sobre el tejado de zinc, De repente, el último verano y Butterfield 8*), que prepararon el terreno para su apoteosis en los sesenta como la (si bien dañada o confusa) diosa del sexo definitiva. Aunque Reynolds se mantuvo fiel a su personaje intrépido y/o virginal a lo largo de los años sesenta (*Molly Brown, siempre a flote, Dominique*), también empezó a aceptar una serie de papeles que le permitieron jugar en contra de ese estereotipo, explorando su forma de interpretar desde un prisma más serio, más "adulto" (ya había ensayado antes con éxito un papel dramático cuando actuó junto a Bette Davis en *Banquete de bodas*, en 1956). Las cuatro cintas que ejemplifican esta evolución para mí son, junto con *Cantando bajo la lluvia*, mis películas favoritas de Debbie Reynolds: *Adiós, Charlie* (1964), *Perdidos en la gran ciudad* (1965), *El novio de mi mujer* (1967) y *¿Qué le pasa a Helen?* (1971). Las dos primeras películas, en particular, demuestran un registro interpretativo y una profundidad en gran medida inexploradas en películas anteriores, por lo que son las dos, ambas infravaloradas, en las que concentro mi atención.

Reynolds interpretó a una casi prostituta el mismo año en que Taylor interpretó a una de pleno derecho.

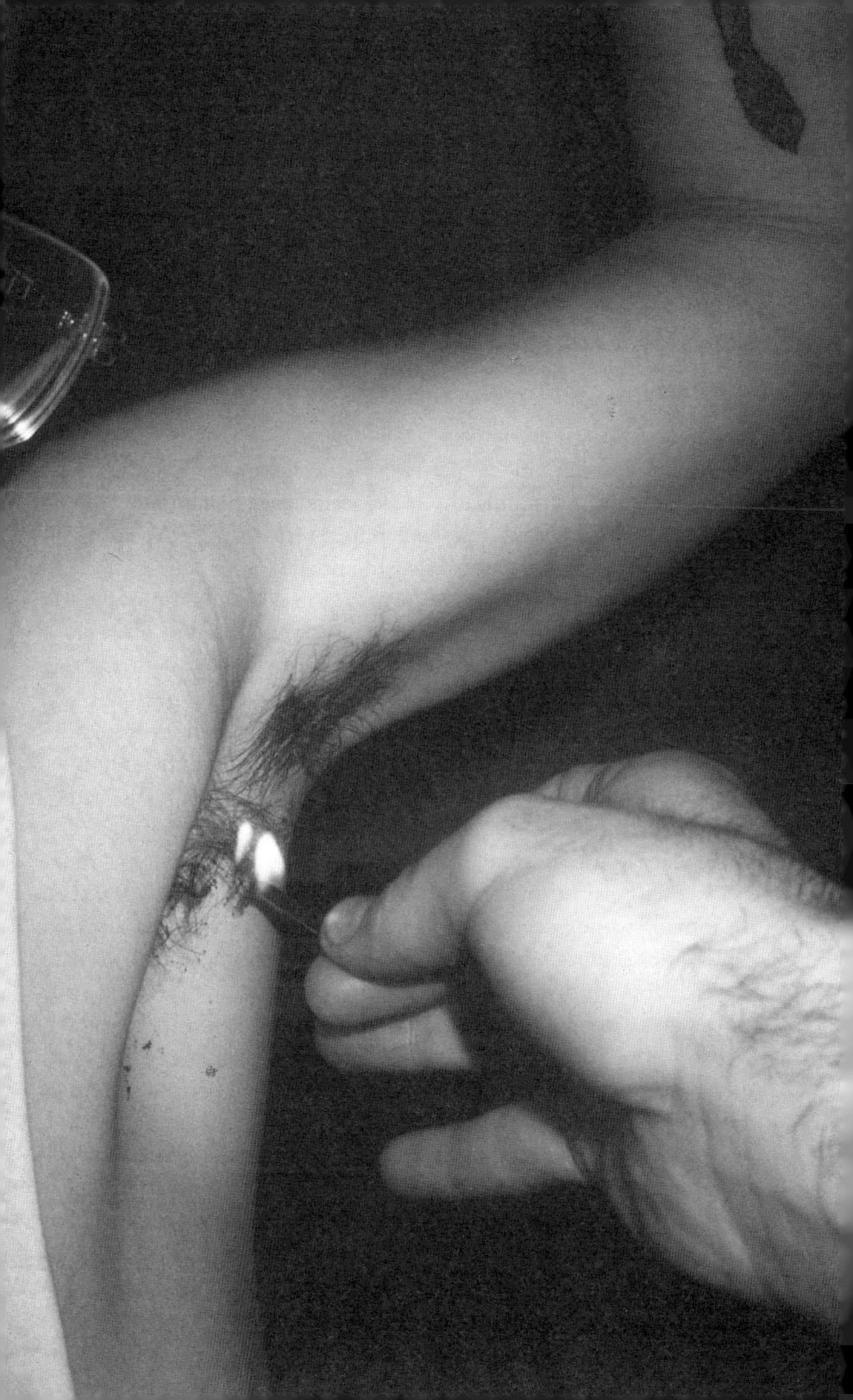

SIETE DÍAS DE RODAJE

Lunes, 28 de octubre de 2002

La última vez que vimos a nuestro malhumorado protagonista, estaba a punto de ser expulsado de la localización principal y sede de producción de su pequeña película porno terrorista. Pero acudiendo a su rescate está Klaus, el sensato ayudante de Jurgen, que ha donado magnánimamente como nueva localización la casa (ahora vacía) de sus ancianos padres, que se encuentra a la venta pero todavía no se ha vendido. Está al otro lado de Berlín, en un suburbio de la zona oeste, cerca del aeropuerto de Tegel, y se parece muy poco al espacioso apartamento de Berlín Este en el que hemos estado rodando, pero tendrá que servir. Antes de trasladarnos, sin embargo, nos queda un día de rodaje, así que manos a la obra.

Andreas, nuestro peluquero y maquillador, nos acompaña a mí y a la encantadora Susanne Sachsse, nuestra Gudrun, a una peluquería de Mitte para transformarla en una rubia despampanante. Casi de inmediato nos decidimos por una peluca larga y recta al estilo de los años setenta que se parece mucho a los mechones dorados de la verdadera Gudrun Ensselin. Después de asaltar Starbucks, por fin tengo la oportunidad de charlar con Susanne en la furgoneta. No domina el inglés del todo (procedente de Alemania del Este, de niña aprendió ruso en vez de inglés en la escuela), pero su acento es magnífico, muy a lo Boris y Natasha.

De vuelta en el apartamento nos lanzamos directamente a su primera escena, en la que reprende al Che por hacerse una paja, porque masturbarse es contrarrevolucionario. Es un alivio saber que su sentido de la comicidad y su estilo interpretativo son perfectos para el papel. No podría haber encontrado a nadie mejor. Al menos una cosa ha salido bien en este rodaje de sodomitas. Es una buena señal que yo necesite reprimir la risa detrás de la cámara cuando ella pronuncia sus líneas. También rodamos las escenas de sexo simulado entre Gudrun y Holger en el salón principal y en el pasillo. Esperemos que estas escenas encajen con las que tendremos que rodar ahora en la nueva localización.

Mi resfriado está cada vez peor, así que me resisto a dar rienda suelta al champán que abrimos para indultar tristemente nuestro hermoso lugar perdido. Es un poco como un velatorio. Como un pequeño "que os jodan" a los vecinos estirados del edificio que nos han cortado el grifo, hago que James fotografíe, desde un punto de vista privilegiado al otro lado de la calle, a dos de los chicos con pasamontañas negros, posando con pistolas en el balcón. Parece tan real que la gente se aterroriza un poco. Deberían estar agradecidos por el entretenimiento gratuito.

Martes, 29 de octubre de 2002

Viendo la televisión antes de que me recojan para ir a trabajar, pillo una noticia (titulada *Lujo, mentiras y cintas de vídeo*) sobre el juicio en curso de la pobre señorita Winona Ryder. Resulta apropiado teniendo en cuenta que hoy vamos a rodar la escena en la que varios miembros de la banda roban en una tienda con auténticas camisetas "Free Winona" que me he traído de Los Ángeles.

La oficina de producción se ha trasladado de Berlín Este al sexto piso sin escaleras de Jurgen, en Kreuzberg. Yo estoy en el apartamento de Arne, cinco pisos por debajo del de Jurgen. Realizado varias veces al día, el trayecto entre un sitio y otro es más que suficiente como entrenamiento diario.

La primera escena de hoy es en la tienda vietnamita de comestibles que hay en una calle tranquila cerca del campo de tiro de Berlín Este. Estamos rodando travellings de los personajes desde la furgoneta, así que las calles adoquinadas no ayudan. Gudrun está muy sexy con su peluca a lo Nico y sus grandes y azules gafas de sol setenteras, y su camiseta sin mangas y sus bragas de camuflaje con la cara del Che Guevera estampada; una representación perfecta de la terrorista chic. Siempre hay una desconexión entre cómo veo las cosas en mi cabeza cuando escribo un guión y cómo se ven realmente cuando finalmente llego a rodarlo, y es en esa desconexión donde reside la producción del sentido. Pero en el caso de Gudrun, no hay desconexión. Es como un milagro.

Hacer películas te da acceso a todo un espectro de emociones que por lo general no se experimentan en el día a día: desaliento, angustia, desesperanza o náuseas, por nombrar algunas. Pero no hay nada como utilizar un campo de tiro como escenario para despejar el aire de toda la niebla existencial. Ni Gudrun ni Andreas han disparado nunca un arma de verdad, así que reciben un curso acelerado de ese bello arte impartido por el parlanchín anciano berlinés que regenta el lugar. Cogen respectivamente la pistola y el rifle como patos zambulléndose en el agua. Gudrun incluso se las arregla para soltar su retórica revolucionaria entre cada apretón del gatillo: "Únete a la intifada homosexual", grita a cámara, y luego vuelve a disparar. Hace que me ría realmente fuerte, a pesar de que resulta un poco más camp de lo que me había imaginado. Kiki entrevista al anciano en vídeo por si tiene algo relevante que decir que yo pueda utilizar en la película. Mientras divaga y divaga, no puedo evitar pensar en lo espeluznante que resulta la seducción del arma: su belleza, su fetichización estética. Supongo que eso es en parte lo que atrajo a la banda Baader-Meinhoff al terrorismo en primer lugar, utilizando el Rashkolnikov como símbolo visual de su lucha. Salgo de mi ensoñación romántica cuando, mientras nos marcharnos, un grupo de milicianos con la cabeza rapada entran en el búnker para disparar. Espero que no nos hayamos dejado las dianas que hicimos con las caricaturas del ex-canciller alemán Helmut Kohl y la actual asesora de Seguridad Nacional estadounidense Condoleezza Rice, que al final del rodaje volaron en pedazos. De algún modo, creo que ese pequeño detalle me va a meter en un lío algún día, sobre todo cuando proyecte la película en Estados Unidos. Si es que me dejan entrar.

Para la siguiente escena he elegido un par de localizaciones industriales como telón de fondo para que Gudrun y Andreas lean unas líneas bastante complicadas de *La revolución de la vida cotidiana*, de Raoul Vanigem. Mi guión me trae a la memoria una observación de

Elizabeth Taylor en el papel de Martha en ¿Quién teme a Virginia Woolf?, cuando le dice a Richard Burton: "George, ¿alguna vez has escuchado una de tus frases? Son jodidamente enrevesadas". Me encanta esa línea de diálogo.

De vuelta a la oficina de producción, por fin puedo charlar un poco más con Susanne. Por una extraña coincidencia, resulta que tiene gemelos, igual que Ulrike Meinhoff, salvo que los suyos, a diferencia de las dos niñas de Ulrike, son un niño y una niña. Se llaman Richard y Salomé, y me cuenta una anécdota divertida de cuando llevó a la niña a un museo para enseñarle un famoso cuadro: una representación de la cabeza cortada de Salomé en una bandeja. Supongo que tiene mucho que demostrar. Me informa, con su acento de Natasha, de que la niña es más bien un niño y el niño más bien una niña, y que además su signo es géminis. Muy fuerte. Vaginal Davis me contó que Susanne dejó a su marido y padre de los gemelos por un hombre gay (con quien sigue manteniendo una relación) que también tiene un amante masculino. Al parecer, causó bastante escándalo en la escena teatral berlinesa. Susanne también es amiga de Volker Spengler, el protagonista de *En un año con 13 lunas*, de Fassbinder, en la que interpreta a un transexual suicida. Le conocí una vez en un bar de Koreatown (Los Ángeles), donde la señora Davis organizó una fiesta para el estreno de mi última película porno, *Skin Flick*, que trataba sobre una banda de skinheads neonazis. En ella, hago un cameo como un marica que recibe una paliza en un cementerio, una referencia a la escena inicial de *13 Lunas*. Es jodidamente enrevesado.

Miércoles, 30 de octubre de 2002

Qué alegría. Hoy no empiezo hasta mediodía y puedo dormir hasta tarde, y vaya si lo necesito. Estamos rodando una escena que tiene lugar en un bar gay berlinés lleno de humo donde se celebra una fiesta de temática terrorista, así que todo el mundo tiene que ir vestido de terrorista para entrar. Podría suceder.

Klaus me recoge y nos vamos a buscar a la dragqueen Sherry Vine, que actualmente vive y trabaja en Berlín. Estuve con ella la otra noche en casa de Jurgen, fue la primera vez que la veía sin ser drag. Como casi todas las DQ's, parece casi anodina vestida de chico, pero cuando se vuelve drag la transformación es extraordinaria. Quiero que suelte un par de chistes sobre las torres gemelas, pero no quiere, lo cual es un fastidio. La convenzo para que cante el himno nacional estadounidense, por lo cual todos los terroristas del club la abuchearán, pero ella confiesa que tendrá que aprenderse la letra. Acaba cantando *God Bless America* por error, de lo que no me doy cuenta hasta que termina el rodaje; una canción de la que probablemente nunca podremos conseguir los derechos. Se avecina la sala de montaje. Al final del rodaje he llenado la sala con tanto humo de máquina que Sherry empieza a ponerse un poco diva, quejándose de que le estropea la voz. La convenzo para una toma más.

Jurgen ha invitado a cincuenta extras para el rodaje pero, por supuesto, como es estrictamente voluntario sólo se han molestado en aparecer unos veinte. Para crear la ilusión de un bar abarrotado, tendremos que filmarlos a todos en un lado del local desde un ángulo y luego llevarlos a todos al otro lado y grabar el ángulo opuesto. Afortunadamente, el bar que utilizamos en Schoenberg, llamado Midnight Sun, es bastante pequeño y no resulta demasiado difícil conseguir que parezca hasta los topes. Los extras son un atajo de maricones berlineses adictos al fisting. No conozco ningún otro país donde tanta gente tenga tantas ganas de meter una extremidad entera en el culo de otra persona, o de que se la metan en el suyo propio. Foucault estaría aquí la mar de ocupado.

El pobre James, mi director de fotografía, tiene demasiado trabajo y está definitivamente mal pagado. Trabaja prácticamente solo, con la excepción de Soren, que tiene constantemente las manos ocupadas con las tomas y la iluminación, y de Kiki, que se supone que es su ayudante de cámara pero se encarga de rodar con una segunda cámara. Quizá algún día James y yo aspiremos a trabajar juntos en una película de bajo presupuesto, porque esto de rodar sin presupuesto empieza a ponernos de los nervios.

Se me ha ocurrido una solución brillante para todas las malas interpretaciones que estamos teniendo. A partir de ahora voy a hacer que los chicos lleven pasamontañas o medias en la cabeza siempre que sea posible. Así será más fácil doblarlos en postproducción. ¿Lo veis? Hay una respuesta para todo. Dino, el tío bueno que hace de Andreas a quien todo el mundo se quiere follar, es buen actor, pero Helmut y Horst no tienen remedio. No importa cuántas veces intente corregirlos, siguen haciéndolo igual. Creo que me tienen miedo, porque a menudo los sorprendo acobardados. El simpático niño nazi del final de la escena es de lo más entrañable, pero el portero travesti, un vieja agresiva que se parece a Marlene Deitrich en *Juicio en Nuremberg*, es una pesadilla. Considero un logro terminar la escena sin estrangularlo con mis propias manos.

Jueves, 31 de octubre de 2002

Hoy me siento un poco desmoralizado. La pérdida de la localización en Berlín Este le ha quitado algo de impulso al rodaje, y ahora tenemos que atravesar la ciudad pateando el resto de la semana. Esta mañana filmamos a Holger y Che besándose en público. Puede parecer un poco "Queer Nation", pero el triste estado de la mariconería actual casi me hace sentir nostalgia de ese breve momento histórico de energía activista gay. Sin embargo, estamos teniendo algunos problemas para conseguir una reacción de las personas de la calle, hasta el punto de que tengo que ponerlos medio desnudos y tirados en el suelo besándose antes de que alguien se pare y diga algo. ¿Dónde está la homofobia de toda la vida cuando se la necesita?

De vuelta al lugar de rodaje, grabamos las escenas de cama con Gudrun y Holger. Quiero que Gudrun tenga una escena de sexo real, no simulada, pero soy un poco reacio a abordar el tema con ella. Después de todo, es un miembro respetado de la escena teatral berlinesa. Justo cuando estoy a punto de plantear la cuestión, me lleva a un rincón y me pregunta si quiero que la escena sea explícita. Debería haberlo sabido. No sólo es una profesional consumada, además es europea; y los europeos están mucho menos obsesionados con el sexo que los norteamericanos (excluyendo México). Por suerte Daniel, que interpreta a Holger, ha estado follando con alguna que otra mujer últimamente y está ansioso por practicar un poco más. Los dejo a solas con mis dos cámaras con la única condición de que en la grabación aparezca una corrida, y milagrosamente sucede. Eso es justo lo que el porno gay necesita: ¡mujeres! Creo que acabamos de recuperar el impulso.

Al final de la tarde rodamos a Gudrun y Holger en la calle con un carrito de bebé, la última escena de la película. Es extraño representarlos como una pareja normal y burguesa en la calle después de haberlos grabado en una escena de sexo duro con los Panteras Negras y carteles de la RAF como telón de fondo en una casa vacía a pocas manzanas. Nuestra nueva localización está muy cerca del aeropuerto de Tegel, y en una ruta de vuelo directa hacia él, así que insisto en incluir un avión volando bajo al principio de la toma. Para ello, todos tenemos que permanecer en nuestras posiciones y esperar y esperar hasta que de repente, sin previo aviso y como salido de la nada, un enorme jet aparece sobre nuestras cabezas. James apunta la cámara hacia arriba para pillar el avión y luego la baja para iniciar el travelling de nuestra pareja. Gudrun tiene el guion escondido en el cochecito del bebé para poder leer las complicadas líneas mientras se supone que está hablando con su retoño. Incluso tenemos una toma desde el punto de vista del bebé. Para variar, rodar una escena es realmente divertido.

Stefan ha decorado la nueva localización según mis especificaciones: cuatro enormes ampliaciones de los principales miembros de la RAF (Baader, Meinhoff, Ensslin y Raspe). El estilo que he adoptado es más bien plano, casi warholiano, con actores que interpretan escenas sobre fondos únicos, un poco como en un escenario. Susanne interpreta muy bien a Gudrun; cuando pronuncia sus líneas, llenas de retórica revolucionaria, sus ojos se llenan de fervor idealista. Por primera vez en mi supuesta carrera, el trabajo con actores reales me parece casi aceptable. ¿Qué será lo siguiente? ¿Ensayos?

Viernes, 1 de noviembre de 2002

La gente siempre te dice que busques la luz al final del túnel, pero ¿qué pasa si lo que te espera al final del túnel es la muerte? Yo la busco de todos modos, aunque sólo sea para acabar de una vez con este maldito rodaje.

Hoy tenemos que conducir de nuevo hasta el extremo oeste de Berlín para grabar a Patrick y Clyde teniendo sexo al aire libre, una escena reprogramada de otro día. Encontramos un puente cerca de un lago y rodamos a Clyde siguiendo a Patrick para el flashback. Cuando llega el momento de rodar la escena de sexo, cortamos con cuerdas una parte del paseo bajo el puente y los grabamos masturbándose juntos mientras los corredores y los escolares que van de excursión pasan por encima sin darse cuenta. Mientras tanto, Jurgen vuelve a la casa para rodar el enlace sexual entre Helmut y Horst según mis precisas especificaciones. Es agradable tratar algunas de las escenas de sexo como segunda unidad, porque, francamente, todo el asunto me resulta un poco embarazoso.

De vuelta en la casa, tenemos la tarde para rodar la escena en la que Patrick y Clyde se morrean en el maletero del coche en marcha. Jurgen me prometió un garaje para la escena, pero se le olvidó decirme que el garaje es tan pequeño que apenas cabe el coche, por no hablar del reparto y el equipo. Sin embargo, los dos actores son esposados y metidos en el pequeño maletero. James los filma desde un ángulo alto y ajustado mientras yo hago botar el coche con las manos para que parezca que se mueve. Después de besuquearse un rato, les ordeno que hagan un lento striptease. Resulta muy inusual, como un número de circo pervertido. A veces no sé de dónde saco estas ideas.

Sábado, 2 de noviembre de 2002

Hoy es el día más duro de todos, porque tenemos que resolver un montón de asuntos pendientes en un tiempo cada vez más reducido. Por ahora, ya hay una escena que no tendremos tiempo de terminar: en la que el Che hace una demostración de técnicas terroristas a un puñado de árabes en el desierto. Tendremos que hacerlo cuando vuelva a editar la película en primavera. Jurgen ya ha retrasado un día los billetes de vuelta a Londres de Andreas y Clyde, así que eso nos da un poco de tiempo. Estamos rodando la escena final en la que Gudrun descubre que los maricas han desaparecido y que el sueño ha muerto. También la parte en la que ella se prepara para grabar a

Andreas y Patrick follando. Es una escena muy larga y complicada para Susanne, que está luchando valientemente con mi guión jodidamente enrevesado. Estoy cansado y frustrado, así que lo único que puedo hacer es repetir la escena unas diez veces intentando que cada parte del diálogo se desarrolle correctamente al menos una vez. Jurgen sigue diciéndome que me estoy quedando sin tiempo, pero intento mantenerlo apartado junto con los fantasmas que sigo viendo en esta casa vacía en la que estamos rodando. Volkmar, el primer asistente de dirección, me está poniendo de los nervios. Tiene buenas intenciones, pero hace demasiadas sugerencias e impide que me concentre. El catering parece comida de cárcel, y me estoy hartando de las respectivas actitudes del encargado de vestuario y el maquillador, aunque soy muy consciente de que tener carácter suele ser una constante en esos trabajos. Para colmo, odio nuestra claqueta. Se puede saber mucho de una producción por su claqueta y, aunque las he tenido peores, esta (de pizarra) es un recordatorio constante de lo minúsculo que es nuestro presupuesto.

Por la tarde rodamos la escena en la Autobahn en la que Patrick y Clyde escapan a Hamburgo. Clyde conduce por primera vez en la película y, por supuesto, nunca había conducido con marchas manuales, así que está a punto de empotrar el coche en la cuneta varias veces, sobre todo cuando tiene que besar a Patrick y conducir al mismo tiempo. Nos detenemos en una parada de camiones para ensayar la escena en la que ambos son abordados por un policía de carretera mientras se están besuqueando en el coche aparcado y terminan poniendo la zancadilla al cerdo, atándolo y dejándolo en la cuneta. Como de costumbre, dondequiera que rodamos se reúnen multitudes para mirarnos y burlarse de nosotros. La otra noche, justo antes de una de las escenas de sexo que rodamos en la casa, Soren tuvo que perseguir a un par de adolescentes que habían trepado al árbol de delante de la ventana para tener un curso acelerado de educación sexual. Mientras huían, le preguntaron si estábamos rodando una película porno. Los niños de hoy en día...

Domingo, 3 de noviembre de 2002

No puedo creer que por fin sea el último día. Me siento realmente agotado, probablemente porque, como descubriré cuando regrese a Toronto, estoy experimentando un leve caso de sífilis. O quizá sea lepra. Mi médico dice que las dos enfermedades son muy parecidas. Tengo que subir esos malditos seis tramos de escaleras hasta el apartamento de Jurgen una vez más para reunirme con el reparto y el equipo antes de ir a un Burger King en la zona este de la ciudad para rodar una escena que ya se ha pospuesto dos veces.

En el camino de vuelta grabamos a los chicos conduciendo el BMW desde la parte delantera de la furgoneta, filmando peligrosamente cerca de ellos en la concurrida autopista hasta que toman la salida equivocada y desaparecen. Y menos mal. Creo que estábamos a punto de tener un accidente tremendo.

De vuelta al sexto piso sin escaleras de Jurgen, me recibe un equipo de rodaje francés que está realizando un documental sobre el Cine Transgresor. Me colocan en un rincón de la habitación para que pueda balbucear incoherencias sobre un movimiento cinematográfico que en su día critiqué con saña en la prensa pero del que ahora soy una especie de miembro honorario. Es gracioso cómo funcionan las cosas. El dúo de documentalistas viene a grabar nuestro último rodaje programado, la escena de sexo entre Gudrun y Holger en el ascensor de un edificio público. No tenemos luz, ni café, y prácticamente no queda equipo. Sería patético si no fuera tan transgresor. Ulrike S. regresa para completar su cameo. Me cae bien. Siempre está dispuesta a todo. Ella y el tío que interpreta a su marido se apretujan en el ascensor junto a los fornicadores Gudrun y Holger. Mientras el ascensor sube y baja, con el sonido de Gudrun gritando su retórica revolucionaria a pleno pulmón reverberando por el edificio, ahora que el rodaje ha llegado a su fin no puedo evitar notar un pequeño nudo en la garganta. Sólo espero que no sea cáncer.

SPIRIT OF '69

8 26 '98

DEREK JARMAN

Es una verdadera lástima que a Derek Jarman, ese hombre encantador arrastrado por la epidemia del sida como muchísimos otros brillantes artistas homosexuales de su época, se le negara la oportunidad de seguir haciendo películas más allá de los 52 años, edad a la que murió en 1994 (apenas un año antes de que el cóctel mágico empezase a frustrar el cruel virus). Aunque en su brevísimo paso por la Tierra consiguió acumular 91 créditos como director (en su mayoría cortometrajes y videoclips), incluidos once largometrajes, uno no puede evitar preguntarse cómo habría madurado su obra en el nuevo siglo, a qué otras figuras históricas podría haber ridiculizado con tanta picardía, qué nuevos músicos podrían –siguiendo la estela de Marianne Faithful, The Smiths, Pet Shop Boys o Suede– haberse inspirado en su voluptuosa imaginería y su indomable espíritu queer. Pero también está claro que la carrera de Jarman como activista gay (se declaró seropositivo muy pronto, en 1984, un momento en que las peticiones de cuarentena no eran precisamente poco comunes, y luchó contra la enmienda anti-gay de la Sección 28 promulgada en 1988 por Reino Unido) es inseparable de su práctica artística, y que sus películas son en gran medida producto de su lucha, tanto económica como creativa, por hacer cine como expresión del radicalismo gay en oposición a la indiferencia heterosexual ante la violencia homófoba y la "plaga gay". ("No tuve que adoptar una causa", dijo Jarman en una ocasión, "me convertí en una"). Su último largometraje, *Blue*, realizado después de que la enfermedad hubiese arrebatado la vista al más visual de los directores, recoge toda una vida de reflexiones y revelaciones tras una simple pantalla azul, un auto-elogio tan elegante y profundo como el propio autor.

Es de sobra conocido que Jarman se inició en la industria del cine como director de arte en dos de las primeras (y mejores) películas de Ken Russell, *The Devils* (1971) y *The Savage Messiah* (1972), con las que estableció inmediatamente su ojo para los detalles de época y el estilo visual barroco que luego se convertiría en su firma como director. Tras producir un prodigioso número de cortos y documentales (incluidas colaboraciones con el fabuloso Andrew Logan, de *Alternative Miss World*; título que Jarman ganó en una ocasión), abordó su primer largometraje, *Sebastián* (1976), una historia descaradamente homoerótica y sadomasoquista sobre el soldado romano cristiano que dio nombre al conocido santo y que disfruta siendo torturado por su comandante. Repleta de diálogos en latín y desnudos masculinos, por no mencionar una subtrama en la que aparecen dos soldados romanos abiertamente homosexuales que demuestran estar enamorados el uno del otro, este clásico camp fue considerado escandaloso en el momento de su estreno y muy adelantado a su tiempo debido a la representación franca y sin complejos del sexo gay, así como por su descarado "queering" político de una figura histórica cuya homosexualidad había consistido hasta entonces en meras conjeturas eróticas. Dos años más tarde, en su segundo largometraje, *Jubileo* (1978), Jarman aplicó otro estilo de desvío histórico nada menos que a la reina Isabel I, trasladándola al futuro durante el segundo Jubileo de Plata de la reina Isabel en 1977, un mundo postapocalíptico y punk de anarquía y lucha por la libertad queer. (Iconos queer como Jayne County y Lindsay Kemp ayudan a encauzar el caos). Es en esta película donde Jarman comienza su audaz reescritura queer de la historia, utilizando técnicas de anacronismo y pastiche para recuperar figuras históricas reales para la causa gay.

La obra cinematográfica de Jarman oscila entre este estilo de melodrama histórico marcado por la reivindicación política (*Sebastián, Jubileo, Caravaggio, Eduardo II, Wittgenstein*) y sus películas más vanguardistas y antinarrativas (*The Angelic Conversation, The Last of England, War Requiem, The Garden*), estas últimas más meditativas y formalistas, a menudo rodadas en su querido formato Super 8, pero en absoluto menos políticas e incendiarias que las primeras. Una de sus grandes obras maestras, su cortometraje *The Queen is Dead*, que realizó para The Smiths con las canciones *The Queen Is Dead*, *Panic* y *There Is A Light That Never Goes Out*, empleando su estilo salvajemente experimental, podría considerarse su tesis política más convincente (si se acepta, claro, el hecho de que en términos punk, y especialmente en términos queer punk, el estilo es la máxima expresión de la política).

Entre las películas de Jarman de narrativa histórica, las cuales, hay que reconocerlo, siguen rindiendo tributo a sus tendencias antinarrativas, *Eduardo II* destaca como la más eficaz y visualmente impresionante. Basada en la obra teatral del siglo XVI de Christopher Marlowe, quien, a su vez, tenía tendencia a extraer matices homoeróticos de los textos históricos, la historia se centra en el famoso rey de Inglaterra de principios del siglo XIV, cuya relación con Piers Gaveston, un conde que pasó a formar parte de su círculo más cercano, era tan íntima que podía considerárseles amantes homosexuales. El arte de Jarman consiste en plantear figuras históricas cuya homosexualidad es puramente especulativa, basada en escasas pruebas (o, en el caso de Caravaggio y Wittgenstein, en inferencias basadas en la naturaleza de su obra), y convertirlos en iconos homosexuales heroicos y románticos, aunque muy problemáticos y conflictivos.

En *Eduardo II*, el rey pelirrojo es presentado como un romántico empedernido profundamente enamorado de su amante pelirrojo, la expresión más erótica del *gingcest*[1] jamás capturada en vídeo. En la primera escena tras los créditos iniciales, Gaveston se muestra igual de romántico, echando de su cama a dos marineros desnudos de aspecto muy contemporáneo que hacen el amor, declarando que prefiere a los "poetas lascivos" y a los "complacientes ingeniosos" que a los toscos buscavidas. El plano cambia entonces abruptamente a un hombre musculoso, vestido sólo con un slip dorado y una corona de

---

[1] Nota del traductor: Término resultante de la suma de las palabras inglesas "ginger" (pelirrojo) e "incest" (incesto). Se utiliza para referirse a relaciones sexuales entre personas pelirrojas.

laurel, bailando eróticamente con una enorme boa constrictor para el placer del Rey, estableciendo inmediatamente las credenciales camp de la película.

A pesar de su escenario austero y minimalista (el film está rodado íntegramente en un castillo cavernoso), *Eduardo II* es quizá la película más fastuosa y estéticamente rigurosa de Jarman, y donde se ejecuta con mayor eficacia su empeño por el anacronismo histórico. (En una escena, Eduardo y Gaveston, vestidos con traje y corbata de color negro, parecen más los hermanos Kray que figuras de la Baja Edad Media). Muchas escenas se funden con la negrura de fondo (una técnica utilizada con menos éxito en *Wittgenstein*), sobre la que los personajes destacan con crudeza. El efecto general, sin embargo, es de un cierto realismo, menos teatral de lo que cabría esperar. Por esa misma razón la narración se vuelve absorbente a pesar de la artificialidad de los escenarios, una cualidad reforzada por las sólidas y comprometidas interpretaciones del excelente reparto de actores británicos; incluida Tilda Swinton, la luminosa musa de Jarman. La escenografía minimalista también confiere a la película un carácter atemporal, que la hace parecer contemporánea incluso hoy en día.

La historia de *Eduardo II* es relativamente simple. Se basa en los intentos de Isabella (Swinton), la Reina de Francia y celosa esposa de Eduardo, con la que este se vio obligado a casarse para unir las dos naciones, y de Mortimer, el malvado secuaz y amante de Isabella, por desterrar a Gaveston y expulsar al rey queer. Gaveston resiste las maquinaciones de la Reina, la Iglesia, los barones y los integrantes de la corte para deshacerse de él; en una escena memorable, ayudado por dos skinheads en vaqueros, le baja los calzoncillos al arzobispo y finge follarle la cara, luego le saca la dentadura postiza a su eminencia y hace el vía crucis con ella. Con ello, Gaveston se une al panteón de gays violentos y psicópatas del cine, representando la "rabia de terciopelo" de los homosexuales oprimidos a lo largo de los tiempos. Por el contrario, Mortimer, el comandante militar y amante de Isabella, es mostrado en la cama con un grupo de dominatrix; la corrupción del poder representada como una perversión masoquista extrema, un tópico que no es infrecuente en las élites británicas. Jarman es un maestro de los "memes" (aunque no se llamaban así en aquella época), desvirtuando imágenes familiares para apuñalar con ellas a la aristocracia británica, como era costumbre entre los punks de la época. Por ejemplo, e hijo prepúber de Isabella, el príncipe Eduardo, aparece travestido a lo largo de la película (con la ropa y las joyas de su madre), un gesto ambivalente que actúa a la vez como crítica de la decadencia real y como astuto homenaje al activismo queer de género fluido. ("La decadencia es el primer signo de inteligencia", reflexionó Jarman en una ocasión). En una escena extraordinaria, el pequeño príncipe ilumina con una linterna a un grupo de soldados completamente desnudos en un scrum de rugby (¡qué podría ser más británico!), conectando el brío de la clase trabajadora con la unión homoerótica de lo militar, todo visto a través de la mirada de un niño travestido. La mente se tambalea.

Tras varias escenas en las que el pelirrojo rey y su amante se encaraman desnudos al trono, se hacen el amor con descaro y se burlan de Mortimer, Eduardo se ve obligado a firmar un decreto por el que se destierra a Gaveston del reino ("En lugar de tinta, lo firmo con mis lágrimas", dice). El decreto indica claramente: "Emitido en Westminster este año de Nuestro Señor de 1991", situando firmemente la película en un contexto contemporáneo. Annie Lennox, con un corte recto y flequillo rubio, envuelta en un escotado vestido azul marino, canta *Every Time We Say Goodbye* mientras los amantes, a punto de separarse, bailan en pijama bajo la luz de un foco. Es un momento clásico de Jarman, donde la película pasa repentinamente de melodrama histórico a utilizar el lenguaje de la música pop. La escena que va justo después rompe el hechizo romántico cuando Gaveston, vestido con una sucia camiseta blanca, vaqueros y una chaqueta negra de motorista, se ve obligado a enfrentarse a los sacerdotes de ambos bandos, que le escupen en su camino al exilio. Como sucede siempre con Jarman, la iglesia es retratada como profundamente pervertida.

En la segunda de sus cinco películas para Jarman, Tilda Swinton aparece absolutamente radiante. A veces da la impresión de canalizar la elegancia estilizada de la princesa Grace, con grandes gafas de sol de estrella de cine y un pañuelo cubriéndole el pelo, ataviada con diferentes tules y tafetanes, destilando glamour hollywoodiense. Con un vestido de satén rojo y largos guantes blancos, gafas de concha de tortuga y perlas (las perlas parecen multiplicarse exponencialmente a medida que avanza la película), dispara despreocupadamente al cadáver ensartado de un ciervo con una pistola de dardos. Confiere a la película una gravedad deslumbrante, elevándola al ámbito de la alta costura.

En última instancia, lo que define a *Eduardo II* es la forma inteligente en que Jarman injerta el activismo queer contemporáneo en la historia proto-gay liberal del muy olvidado rey, recuperándolo como una figura heroica. Después de que Mortimer asesine sin piedad a Gaveston, Eduardo lidera una revuelta contra el golpe militar para apartarlo del poder. Para dramatizar el acontecimiento, Jarman recrea una manifestación gay moderna, utilizando como extras a miembros reales de OutRage, una organización activista queer de la época. De repente se nos presentan chicos con el pelo rapado y piercings, monjas drag y bolleras soplando silbatos, todos con pancartas donde se leen cosas como "El deseo gay no es un delito", "Quitad vuestras asquerosas leyes de nuestros cuerpos" y "Liberte, Egalite, Homosexualite". (En una escena posterior, varios de los manifestantes son ejecutados por un pelotón de fusilamiento). Edward encabeza la protesta contra la policía moderna y militarizada, vestido con equipo antidisturbios y blandiendo escudos de plástico, lo que le convierte en un mártir de la liberación gay. Tras ser apresado en un calabozo, lo torturan, le meten un atizador caliente por el culo (el máximo castigo para un sodomita) y lo asesinan sin contemplaciones. Borrachos de poder, Isabella y Mortimer se aferran al trono, pero cuando la película llega a su fin, el pequeño príncipe Eduardo ya ha usurpado su poder, bailando en lo alto de la jaula que los aprisiona con los pendientes y tacones de su madre (y luciendo, además, un walkman de Sony) mientras suena *Dance of the Sugar Plum Fairies*. En la cosmología de Jarman, son las reinas las que siempre acaban en la cima. Pero, como corresponde, la película termina con un tranquilo plano secuencia de los manifestantes, vapuleados pero no derrotados, viviendo un día más para seguir luchando por la causa.

BROCOVITCH

Recientemente, en un avión volviendo de Europa, la azafata nos anunció que nuestro entretenimiento durante el vuelo consistiría en un doble visionado: *Erin Brocovitch*, el film de Julia Roberts dirigido por Steven Soderbergh, y *Música del corazón*, la película de Meryl Streep orquestada, contra todo pronóstico, por el maestro del terror Wes Craven. Como la primera se había estrenado a principios de año con críticas muy favorables y la segunda, a pesar de la nominación al Oscar de Streep el año anterior, había sido muy criticada, decidí ver la primera y echarme una cabezadita durante la segunda. Sin embargo, un bebé gritón me obligó a ver las dos y, como era de esperar, acabé prefiriendo la lacrimógena comedia barata a la película supuestamente "de calidad".

Erin Brocovitch y *Música del corazón* son, en algunos aspectos, películas casi idénticas. Ambas se basan en historias reales sobre mujeres luchadoras de clase media baja que suplican a jefes cascarrabias (Albert Finney y Angela Bassett, respectivamente) que les den una oportunidad en trabajos para los que no están cualificadas y en los que, al principio, se sienten sobrepasadas. Ambas mujeres han sido abandonadas por sus maridos y se ven obligadas a convertirse en madres trabajadoras para mantener a sus dos hijos. Ambas se sienten atraídas por hombres ligeramente rebeldes pero amables, con problemas para lidiar con la testarudez de sus mujeres (Aiden Quinn y Aaron Eckhardt, respectivamente). Ambas mujeres acaban dominando sus trabajos y, en el proceso, ayudan a un grupo de personas de clase trabajadora que se sienten asediadas y oprimidas: Julia Roberts como asistente de un abogado que lucha contra un conglomerado industrial cuyos residuos tóxicos han demostrado ser responsables de los numerosos casos de cáncer entre la población local; Meryl Streep como profesora de violín del medio oeste que se traslada a Harlem para enseñar a los jóvenes de la gran ciudad. Ambas mujeres se convierten en heroínas populares. Puede que, después de todo, no tuviera que ver dos películas, pero me alegro de haberlo hecho porque *Música del corazón* es la mejor. He aquí el por qué.

El jurado sigue deliberando sobre Steven Soderbergh como autor. Ganó un importante premio en Cannes en 1989 con *Sexo, mentiras y cintas de vídeo*, pero vista en retrospectiva la película parece un poco anticuada y sobrevalorada. Aunque en su momento se la comparó con Rohmer por su franca disección de la vida cotidiana, en realidad tiene más en común con el molesto voyeurismo y los quejumbrosos personajes burgueses de las primeras películas de Atom Egoyan. Su segundo trabajo, *Kafka*, es una turbia obra de época que se esfuerza por alcanzar el estilo paranoico de *El proceso* de Welles, pero que, a pesar de la siempre fiable presencia de Theresa Russell, resulta pretenciosa y aburrida. *Out of Sight*, su historia de amor entre policía y ladrón con George Clooney y Jennifer López, es probablemente su película más satisfactoria hasta la fecha, un elegante noir moderno con brío narrativo. Sin embargo, su siguiente trabajo, *The Limey*, es un poco decepcionante, ya que intenta avivar una premisa endeble con saltos abruptos y narración no lineal.

Erin Brocovitch es probablemente el producto más tradicionalmente hollywoodiense de Soderbergh y, sin embargo, intenta adornarlo con planos de cámara en mano y jump-cuts. Si algo nos ha enseñado *Time code* es que los artificios tomados del cine experimental sirven de poco para romper las convenciones agotadas de la técnica narrativa dominante. Lo chocante de películas como *Time Code*, de Figgis, y *Black and White*, de Toback, es que las narrativas de estas obras supuestamente "experimentales" (la forma en que se dibujan los personajes, los estilos interpretativos, el desarrollo lineal de la trama) son tan familiares y trilladas que anulan cualquier sentido de experimentación formal. Aunque en el momento de su estreno se dijo que eran atrevidas y revolucionarias, su "experimentalismo" apenas tuvo repercusión más allá de ser un buen reclamo mediático.

Con *Erin Brocovitch*, Soderbergh sucumbe al poderío estelar de Julia Roberts, que sin duda ha estado buscando el modo de hacerse con un Premio de la Academia: *Pretty Woman* convertida en *Norma Rae*. Soderbergh, sin embargo, no tiene realmente las credenciales de seriedad y realismo social de Martin Ritt, que dirigió *Norma Rae* y *Sounder*, para ser capaz de exprimir la actuación poco glamurosa y anti-hollywoodiense de la dentuda Roberts, que desfila con sus ajustados trajes de combate y sus pechos realzados como si todavía estuviera en *Pret-a-Porter*. Se ríe, llora, se ríe y llora, exprimiendo todo el realismo de Rikki Lake hasta que nos quedamos añorando los días de las Sissy Spaceks y las Karen Blacks, actrices cuyos rostros poco ortodoxos no nos hacían pensar automática y exclusivamente en sexo oral.

Cuando se ve junto a *Erin Brocovitch*, *Música del corazón*, que fue rotundamente denunciada por ser excesivamente sentimental y sensiblera, parece casi cínica. Mientras Julia Roberts sostiene la mano de otra víctima de la avaricia empresarial a la que se le acaba de caer el útero, tranquilizándola con su valiente sinceridad casera, Meryl Streep nos ofrece una interpretación peculiar y llena de matices como una excéntrica inadaptada con tendencias casi sádicas que detesta el sentimentalismo barato. Streep, por supuesto, es una actriz y no una estrella cuya "actoralidad" a veces puede resultar pesada y distraer, pero aquí se entrega sabiamente a la excentricidad del personaje para contrarrestar el sentimentalismo potencial de la historia. A diferencia de Roberts, que siempre se muestra valiente pero ligeramente vulnerable y llena de la más repelente alegría de vivir, cegándonos con esos dientes relampagueantes, Streep es entrañablemente bobalicona y torpe, superando sus pruebas con la tenacidad de una cabra. En la escena en la que despide a los holgazanes trabajadores negros locales que están construyendo su casa, y luego despide también a su novio, Quinn, en un arrebato de autoafirmación, se muestra más neurótica que noble, como una feminista sin complejos a la que no le importa si nos cae bien o no; algo totalmente contrario a la actitud de Julia Roberts o Sally Field antes que ella.

Wes Craven es, por supuesto, el verdadero autor, la persona que nos ha aterrorizado a lo largo de los años con películas de terror clásicas y aparentemente subversivas como *La última casa a la izquierda*, *Las colinas tienen ojos* y *Pesadilla en Elm Street*. Aunque en este caso su dirección parece simplemente laboriosa y discreta, hay que reconocerle el mérito de no intentar (como hace Soderbergh) presentar la película como algo que no es. De hecho, consigue añadir un tono oscuro a una historia aparentemente ñoña. Cuando un niño de la clase de violín de Streep se siente desconsolado porque un matón al que le dijo que se muriera acaba muerto en un tiroteo, Streep le dice sin rodeos que no cree que sea responsable de la muerte del matón porque no cree que sea tan poderoso. Es su sinceridad lo que redime la escena. Mientras Julia Roberts intenta seducirnos para que sintamos pena con sus glamurosos ojos de cocker spaniel, el retrato nada sentimental de Streep es el que más se aproxima a la realidad.

FASHION CRIME

Era otra vez esa época del año, la época en que, coincidiendo con los últimos días del verano, tenía que montar una sesión de moda de dudoso gusto para aumentar mi reputación de inconformista, chiflado y capullo certificado (término favorito de mi amigo Yaroslav Mogutin, poeta soviético e ídolo del porno) en un sector en que la locura absoluta parece ser la norma. Bueno, ya me he ganado una mala reputación en la industria del porno, según Yaroslav (que debe de saberlo de primera mano, para su infinita diversión), así que también debería ganármela en la moda. Uno nunca tiene suficiente mala reputación, ni suficientes accesorios.

Mi primer delito relacionado con la moda tuvo lugar en agosto, justo antes del 11 de septiembre, cuando hice una pequeña sesión utilizando como modelos a dos tipos con aspecto de Oriente Medio entre quienes se palpaba la atracción homosexual. Fue para la revista Elm Street, un periodicucho de moda y cultura de Toronto un tanto conservador. ¿Cómo iba yo a saber que estaba fotografiando a un par de árabes de aspecto sexy y atractivo sólo unas semanas antes de los acontecimientos del 11 de septiembre, y que la revista saldría justo después de ese acontecimiento histórico, haciendo que pareciese que yo consentía el terrorismo al darle un aspecto deliberadamente chic? (Al parecer, el correo de odio en respuesta fue profuso y profano).

Mi segundo crimen de moda, como quizá podáis recordar, tuvo lugar el verano pasado en el día más caluroso del año, cuando fotografié a una encantadora modelo llamada Rita a punto de ser violada por un grupo de matones en un colchón sucio delante de una gran pila de basura. Un homenaje a *L'Aventurra* de Antonioni, para la revista Sleazenation. Por desgracia, la editora de moda de esa dudosa publicación británica no apreció la sátira de la pieza, que calificó de "un poco espeluznante", por lo que al instante me gané la reputación de ser demasiado sórdido para Sleazenation. Afortunadamente, una revista de moda escandinava con más visión de futuro llamada Bon recogió inmediatamente aquel trabajo y lo publicó en un acalorado segundo.

Este verano (o mejor dicho, el Día del Trabajo, ya que vamos un poco retrasados) decido hacer una sesión de moda inspirada en *Weekend*, de Godard, una película de la Nouvelle Vague en la que la protagonista aparece en el lugar de un espantoso accidente de coche, gritando a pleno pulmón "¡Mi bolso Hermes!", más preocupada por la destrucción de su bolso de diseño que por la extinción de una vida humana. Qué metáfora tan perfecta para el estado actual del capitalismo, que ha avanzado aún más desde que se rodó la película en 1968, pienso mientras llamo a unos cuantos amigos de la moda para que me ayuden a hacer realidad mi visión artística. Mis co-conspiradores son Tammy Eckensweiller, una editora de moda a la que conocí cuando su novio Miguel me invitó a dar una conferencia sobre *Las amargas lágrimas de Petra Von Kant*, de Fassbinder, en un ciclo de cine en OISE, y Jeremy Laing, un joven estilista/diseñador local que por las noches trabaja como DJ en lugares de Toronto como Big Primpin' y durante el día es ayudante de la superestrella de la moda Alexander McQueen. Esta vez decido hacer el reportaje sin encargo previo de ninguna revista, e intentaré venderlo después. Quizá haya alguien lo bastante loco para publicarlo.

Nuestra idea es intentar prender fuego a un par de coches viejos como los que están esparcidos por el campo en *Weekend*, pero parece poco probable que podamos hacerlo sin alertar a los bomberos, a la policía y a los medios de comunicación, especialmente actuando en un radio de ochenta kilómetros alrededor de Toronto. De modo que decidimos trabajar en Teeswater, Ontario, una pequeña ciudad a unos 240 kilómetros al noroeste de Toronto, no muy lejos de Tiverton, la región de palurdos rurales de la que procedo. De hecho, cuando era niño solíamos enviar la leche de nuestro ganado a la cremería de Teeswater, así que he visitado el burgo en más de una ocasión. Es casi como volver a casa.

Así que nos levantamos el lunes muy temprano y nos dirigimos al norte en un pequeño convoy formado por un Mustang alquilado y el coche de nuestro modelo masculino, Bruno. Jeremy intentó alquilar una furgoneta, pero ya no quedaban por culpa del fin de semana largo. También traté de alquilar algunas baterías para alimentar los focos portátiles que quería usar, pero olvidé que se trata de Toronto y todos los lugares de alquiler de material cinematográfico cierran los fines de semana. Bueno, usaré un flash aéreo y mi ayudante Jason, un amigo de Jeremy, lo cubrirá con un difusor para suavizarlo. Estamos tratando de hacerlo todo por menos de mil dólares, así que, de todas formas, ¿quién puede permitirse el lujo de alquilar el equipo adecuado? Yo no.

Recogemos a nuestra modelo de 16 años llamada Mandy en Orangeville, en el McDonalds, donde está esperando con dos amigos. La chica es como un vaso alto lleno de zarzaparrilla con unas piernas tan largas que llegan hasta el pueblo de al lado. Pronto será enviada a Corea, a una granja de modelos. Le digo que espero que sea a Corea del Sur, pero en cualquier caso podría acabar en la trata de blancas. Espera un momento. Modelar ya es trata de blancas. Olvida lo que he dicho.

Tammy ha conseguido la ayuda de uno de sus hermanos, Brian, para que nos ayude a reunir los coches que vamos a usar para el falso accidente. Es amigo de todos los policías, bomberos, mecánicos y chatarreros de por allí, así que no debería ser demasiado difícil. Además, él mismo ha estado en varios accidentes de coche, así que la autenticidad de la escena no debería ser un problema.

Cuando llegamos a casa de la madre de Tammy, Jeremy y Tammy empiezan a depositar todos los Balenciaga, Gianfranco Ferre, YSL, Miu Miu, Atsuro Tayama, Chanel, Jeremy Laing, Salvatore Ferrangamo, Daniel Storto, Prada y Dolce&Gabanna en uno de los dormitorios, mientras Margot empieza con el maquillaje en el porche y Brian nos lleva a Jason y a mí al lugar donde haremos las fotografías para que veamos las chatarras que tiene preparadas. Yo esperaba algo parecido a un yacimiento de grava, pero no es más que un vertedero, un viejo cementerio de coches, lavadoras, frigoríficos y demás en una carretera secundaria sin pavimentar a un kilómetro y medio de distancia del pueblo. De camino, nos detenemos para pedirle a un granjero amigo de Brian que venga a colocarnos los coches con la carretilla elevadora de su tractor. Le pido que coloque uno de color crema en la cuneta para que parezca que se acaba de estrellar contra un árbol. Brian rompe el parabrisas y el capó con un mazo para que parezca que se ha arrugado por el impacto. Cuando terminamos parece muy real, tanto que durante todo el día los vecinos se paran a preguntar si ha habido un accidente.

En el plató, Margot aplica las contusiones sangrientas y el gore a Bruno mientras Jeremy y Tammy visten a Mandy de Chanel, y nos ponemos a trabajar en serio. Siempre es divertido fingir que la gente acaba de sufrir un terrible accidente de coche y hacer que se tambaleen descalzos por los restos humeantes rescatando sus zapatos de aquí y allá, sobre todo si son Balenciaga. Al menos a mí siempre me parece divertido.

Los lugareños pasan de un lado a otro todo el día tratando de echar un vistazo al espectáculo de la moda que hemos creado. En un momento dado, un hombre se detiene y pregunta si puede hacer unas fotos para el periódico local, pero Tammy usa un zapato de Prada para darle la patada porque cree que sólo quiere echar un vistazo bajo la falda de nuestra modelo.

Fotografiamos desde primera hora de la tarde hasta el crepúsculo. Es un día arduo, pero ya se sabe: la moda mata. Nuestras dos modelos son unas auténticas máquinas, aguantando colgadas boca abajo durante más de una hora, cubiertas en sangre con las moscas zumbando alrededor y los mosquitos lanzándose en picado sobre ellas desde todas las direcciones. Espero que nuestra modelo de dieciséis años no contraiga la enfermedad del Nilo Occidental. Quiero decir, la moda es necesaria, pero no estoy seguro de que merezca un sacrificio humano.

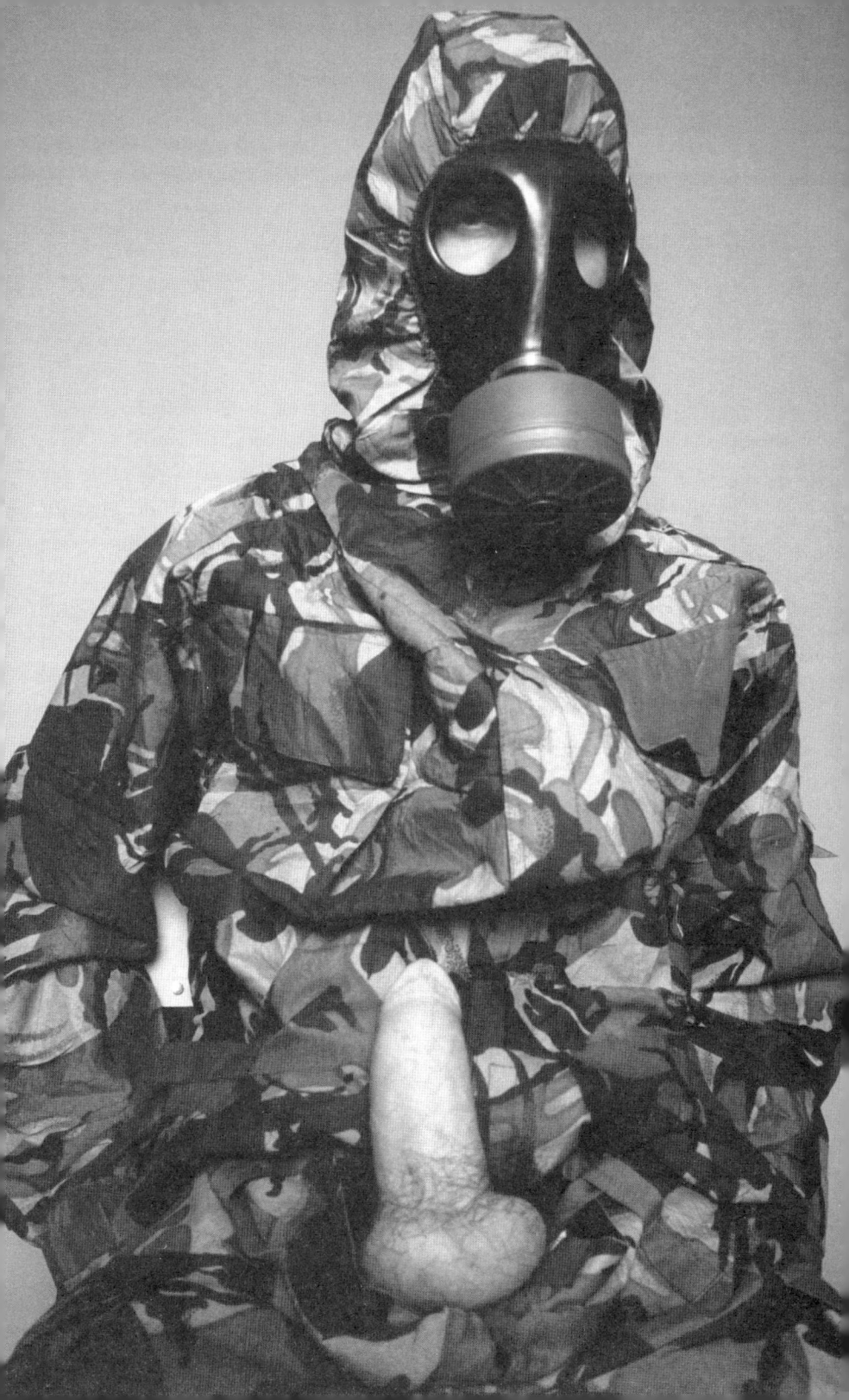

LA CEREMONIA

Aunque no soy Walter Brennan, últimamente he recibido algunos premios bastante especiales. Uno de los más importantes ha sido la concesión, sin ningún motivo razonable, del Primer Premio Anual a Toda Una Vida de Index Magazine, una distinción que, como dice George Sanders del Premio Sarah Siddens al principio de *Eva al desnudo*, se ha librado de la publicidad sensacionalista y comercial que acompaña a honores tan cuestionables como el Premio Pulitzer y los premios que concede anualmente esa (ejem) sociedad cinematográfica. Con recientes retrospectivas de mi carrera en lugares tan lejanos y casi exóticos como Sao Paulo, Ciudad de México, Weisbaden, Winnipeg y Birmingham, y un homenaje en el Festival de Cine de Estados Unidos de este año (¿El otro autor homenajeado? Arthur Penn, gracias), casi podría sentir la tentación de entrar en una malsana especulación paranoica sobre la cantidad de arena que queda en la mitad superior de mi reloj de arena. Pero para alguien cuyo principal objetivo en la vida ha sido llegar a los cuarenta, todo esto no es más que la guinda del pastel, incluso si se trata de aquella vez que me quedé colgado bajo la lluvia en MacArthur Park. Lo mejor que puedo hacer en este momento es ser agradecido.

Antes de hacer mi informe sobre la ceremonia de entrega de premios, para la que fui trasladado expresamente desde Toronto por Index, permitidme un flashback de mi anterior excursión, sólo unas semanas antes, con motivo del preestreno de mi nueva película *Skin Flick*; sólo para que no penséis que me estoy durmiendo en los laureles. La obra en cuestión, encargada por una productora de porno berlinesa llamada Cazzo Film, es mi primera incursión en el porno legítimo, una encantadora historia sobre una pandilla de adorables skinheads neonazis de Londres que irrumpen en el apartamento de una pareja interracial de gays burgueses y los aterrorizan sexualmente; algo así como una mezcla entre *Imitación a la vida* y *La naranja mecánica*. Existe en versión hardcore y softcore, esta última para apaciguar a nuestros distribuidores británicos y japoneses (ambos suministraron anticipos poco saludables) cuyos territorios se resisten a exhibir penetración explícita. Sin embargo, la imaginería nazi sexualizada, que en este caso incluye a un joven ario esparciendo su semilla sobre un ejemplar usado de *Mein Kampf*, y la fetichización oblicua de la violencia antigay, no son, aparentemente, un problema.

Voy a preestrenar la versión softcore en Estados Unidos como acto benéfico para el New York Mix Festival en los venerables Anthology Film Archives, y estoy un poco nervioso. Aunque me siento seguro de haber sacado el conejo de la chistera desde el punto de vista artístico, ya he tenido varias crisis morales internacionales por las cuestiones un tanto polémicas (sobre todo en relación con la raza) que plantea el proyecto. ¿He ido demasiado lejos esta vez? Como dijo Scott Thompson al presentar mi homenaje tras nuestra reconciliación en Dallas (habíamos tenido un pequeño altercado el año pasado): "Puede que yo suela pasarme levemente de la raya, pero Bruce la cruza de un salto, la lame, la rompe y la quema". Por si fuera poco, aunque ya se ha estrenado en Berlín con buenas críticas, todavía no he visto la película con público, la última etapa del doloroso guantazo que supone hacer cine de bajo presupuesto. Casi me tuvieron que desfibrilar después de proyectar mi anterior película, *Hustler White*, por primera vez en Sundance ante un público de doscientos maricones hastiados de la industria.

Para que os hagáis una idea de lo potencialmente volátil que puede ser el material, ya me habían confiscado y destruido en la frontera canadiense una copia en VHS de la versión softcore, que me enviaron desde Berlín y fue aniquilada por contener escenas de "sexo degradante", incluyendo "sexo con sumisión, sexo con coerción, sexo con dominación, sexo con dolor y agresión sexual". Y en Nueva York, cuando Tom International, una de las estrellas de la película, recuperó las fotos que había tomado durante el rodaje, todas las caras de los cabezas rapadas y los símbolos nazis habían sido tachados o recortados, al estilo de *Queridísima Mamá*. (De haberlo sabido seguro que se lo habría pensado dos veces antes de revelarlas en una tienda regentada por judíos ortodoxos). Los penes, sin embargo, permanecieron indemnes.

Antes de la proyección, los chicos de Mix (Raj, John y Stanley "Super-8") han organizado una pequeña cena en el B-Bar para algunos de los protagonistas: la estrella Nikki Uberti, que roba los focos del film como la ilustre Cameltoe; su marido, el fotógrafo colaborador de Index, Terry Richardson, que hace un cameo; su mejor amiga, la glamurosa It-girl neoyorquina Heidi; Tom International, también conocido como el apuesto poeta soviético, disidente y exiliado, Yaroslav Mogutin; Doug McClemont, redactor jefe de Honcho Magazine, que co-patrocina el evento; la acompañante de Doug, leyenda de la televisión por cable de Manhattan y antigua estrella del porno, Robin Byrd (¿sabías que apareció en *Debbie Does Dallas?*); y por último, Gus Van Sant, que acaba de regresar de unas vacaciones en Marruecos con Danny Elfman y su mujer. El señor Van Sant estaba viendo una versión preliminar de *The Julien Chronicles*, de Harmony Korine, cuando llamé a Korine para invitarlo al estreno, y decidió prolongar un día su estancia en Nueva York para asistir; el Sr. Korine, sin embargo, brilló por su ausencia en la cena como en la proyección, por lo que actualmente está fuera de mi lista de tarjetas de Hanukkah.

La borrachera de la cena relaja un poco mi comportamiento tenso a lo Christopher Reeve, sobre todo cuando el Sr. McClemont y yo conseguimos convencer a GSV para que realice una sesión de fotos picantes para Honcho en un futuro próximo. Hay que decir que parte de mi aprensión esta noche tiene que ver con el hecho de que a Nikki le han diagnosticado recientemente un cáncer de mama, y deseo fervientemente que la velada sea un éxito tanto para ella como para mí. También hay que tener en cuenta la escena en la que Tom International se la folla en topless en un primer plano a cámara lenta grabado en super-8 blanco y negro, que ahora tiene una conmoción y un significado especiales si tenemos en cuenta que le van a extirpar los pechos la semana que viene. Todo el escenario sería muy Sharon Tate en *El valle de las muñecas* si no fuera porque no tiene nada de camp. La valentía, el coraje y el aplomo de Nikki frente a su enfermedad, así como su franqueza e inteligencia a la hora de afrontarla públicamente, me hacen sentir humilde de una forma que me resulta difícil describir.

Después de cenar, todos nos dirigimos al Anthology. Al acercarnos, mis compañeros empiezan a corear mi nombre como un grupo de borrachos de Bowery, lo que provoca que me muera de vergüenza y me escabulla entre la multitud para entrar en el edificio. Los invitados empiezan a aparecer: ahí está el editor de Index, Bob Nichas; ahí viene el Sr. Musto; y ese es... sí, es John Waters, que amablemente me regala un ejemplar autografiado de su monografía *12 Assholes and a Dirty Foot*. Tener a Gus Van Sant y a John Waters, mis dos santos patronos maricones, sentados el uno junto al otro en el estreno de mi película, me produce una emoción que no experimentaba desde que descubrí el crack.

Cuando el resto del público, en su mayoría homosexual, empieza a llegar, Heidi (que se parece asombrosamente a una versión más joven de Robin Byrd) es poseída por el glamour del momento y, en un frenesí bacanal, empieza a desvestirse frenéticamente. Los gays descontentos, que han venido a ver una película homoporno, se encuentran con el espectáculo de esta Godiva ad hoc que se pasea por el teatro descalza y completamente desnuda, declarando redundantemente "Estoy desnuda, estoy desnuda" mientras las cámaras hacen click. No podría haber ideado un truco publicitario más perfecto.

En mi introducción recurro a un viejo truco de vodevil, plantando el micrófono ante las caras de mis estrellas y de mi director de fotografía, James Carman, pero apartándolo antes de que tengan la oportunidad de hablar. Tom International se las arregla para anunciar que la gente puede masturbarse con la película; me apresuro a aclarar que, dado que se trata sólo de la versión softcore, tal vez prefieran masturbarse con la imaginería nazi. Ni una carcajada. El público de Nueva York es duro.

Supongo que no debería sorprenderme que todo mi empeño por pasarme de la raya no sirva para nada. De hecho, en lugar de ofenderse por una porno sobre nazis homosexuales que salen mejor parados que los maricones burgueses, la mayoría de la gente parece simplemente decepcionada por no haber podido ver la versión hardcore. Pues nada, vuelta a empezar.

Si la after party en el Cock fue un fracaso, la velada de entrega del premio a la trayectoria de Bruce LaBruce en Idlewild varias semanas después lo compensa con creces. Por supuesto, sé que a Index le han ofrecido una fiesta gratis en este elegante club (diseñado como el interior de un avión de los años sesenta) y que me están utilizando como excusa, pero no me importa. No estoy por encima de un pequeño autoengaño a lo Sally Field.

Empiezo el día saliendo con la "pene-pandilla" (como me refiero a ellos cariñosamente), mis nuevos jóvenes amigos homosexuales para quienes Stonewall está tan cerca históricamente como Stonehenge, por no mencionar el peso de su relevancia política. Conocí a estos mangantes en parte a través de mi amigo Jack Walls y en parte pasando el rato en el inestimable I.C.Guys, el nuevo y notorio bar gay del East Village en la calle 6 que es casi tan pequeño como el apartamento de Rhoda en *The Mary Tyler Moore Show*. Abierto desde hace unos ocho meses, este bar, con licencia para servir cerveza y vino, está atendido (o más bien vigilado) por tres jóvenes rubios y delgados llamados Chris, Mathew y Travis, que también ejercen esporádicamente de strippers sobre una pequeña caja de madera que colocan en medio del diminuto espacio. Se rumorea que antes fue un burdel, pero el dueño de este antro es un misterioso suizo que también regenta el bar BMW de Chelsea, donde se reúnen todos los taxistas. En el I.C.Guys todas las noches hay un montonazo de maricones hacinados como sardinas en lata; con Dave el Oso, el cliente más fiel del local, sentado en la barra. Dave abre periódicamente su propio bar, The Leopard Spot (probablemente el abrevadero más exclusivo de Manhattan), cada noche después de que I.C.Guys haya cerrado.

Dos asiduos del I.C.Guys (el soldado Ryan, un estudiante de diseño en Parsons con piel de melocotón y acento de Harlem; y Kunle, alias Earsnot, uno de los grafiteros afroamericanos más activos de Nueva York) son mis acompañantes durante todo el día. Los mejores amigos, cuyo lema es: "Somos Ryan y Snotty! Nos gusta hacer ruido! Causamos disturbios! Pero no hacemos daño a nadie!". Filmo a Snot en el tejado de Ryan pintando con spray, desnudo y empalmado, mientras Ryan, estudiante de cine, filma la toma en super 8 para incluirla en su última obra maestra. Earsnot es un chico alto y fornido de diecinueve años con un miembro que rivaliza en tamaño con sus botes de pintura; por desgracia, sólo tiene ojos para ese subgénero de blancos fornidos, hirsutos y de mediana edad conocido como "osos". Baja continuamente al apartamento de Ryan para ver porno y mantener su empalme titánico. Luego sube corriendo a la azotea, se quita los calzoncillos y se pone a pintar antes de que vuelva a bajársele. Las firmas de Snotty se pueden encontrar en lo alto de muchas de las vallas publicitarias más inaccesibles de Manhattan (nadie sabe cómo lo hace), e incluso ha pasado un tiempo en la cárcel de Riker por culpa de su arte, un delito que a este paso pronto se castigará con la amputación de dedos.

Acompañados por un amigo ruso de dudosa reputación, nos dirigimos al MOMA para asistir a un cóctel con motivo del décimo aniversario de la retrospectiva de Strand Releasing, mi distribuidor en Estados Unidos. Impulsados por la bebida gratis, los chicos arman jaleo robando comida del bufé sólo para socios y haciéndose pasar por importantes artistas europeos, sacándose fotos con los invitados, entre los que se encuentran John Waters y Marisa Berenson, pero no hacen daño a nadie. El señor Waters me invita a Baltimore en otoño para visitar el plató de su última película, *Cecil B. Demented*, sobre la que informaré para Index.

Finalmente, nos dirigimos a Houston para asistir a mi fiesta, y los chicos se detienen por el camino en varias tiendas estratégicas para mangar un poco (en mis tiempos se llamaba "choricear"). Pasamos prácticamente desapercibidos y nos dirigimos al bar, donde se codean personalidades como Tom International, Attila Lucacs, Chris Buck y el elegante Steve LaFreniere. En un momento dado, Bob, nuestro querido editor, se acerca y me dice algo entre dientes, arrastrando los pies, luego me pone una bolsa de plástico en las manos y se va. En ella está mi premio Oscar de imitación a toda una carrera, con mi nombre grabado y todo. Si todos los premios se entregaran con un estilo tan discreto y sin alardes, la industria del entretenimiento sería un poco menos insoportable.

En un momento dado, Cory Reynolds, nuestra intrépida y encantadora redactora jefa, se me acerca y me pregunta si puedo hablar con ella. Graduada en una de las escuelas de las Siete Hermanas, me pregunta diplomáticamente si creo que es posible que uno de mis compañeros haya robado la cartera de su amiga, que estaba en la barra. Tengo que confesarle que al menos dos miembros de mi grupo han pasado parte del último mes recogiendo basura en el sur del Bronx como parte del programa de servicios comunitarios por haber choriceado en tiendas. Antes de que pueda investigar, encuentran la cartera vacía en el suelo y, al parecer, expulsan a alguien de la fiesta. Al fin y al cabo, esto sigue siendo Nueva York. Hace unos meses, en la fiesta de cumpleaños de Ellen Von Unworth, una modelo cleptómana y rica me dejó sin nada (cámara, guantes, móvil). Al día siguiente, Bob me dio cordialmente las gracias por invitar a mis pequeños Passolinis.

La fiesta posterior (en el I.C.Guys, por supuesto) resulta todo lo glamurosa posible sin llegar al vómito: cincuenta borrachos hacinados en un espacio diseñado para no más de veinte. Es una fiesta a lo Holly GoLightly, con el añadido de la promiscuidad y los besos entre personas del mismo sexo.

No recuerdo demasiado, pero me han dicho que fue el acontecimiento del siglo.

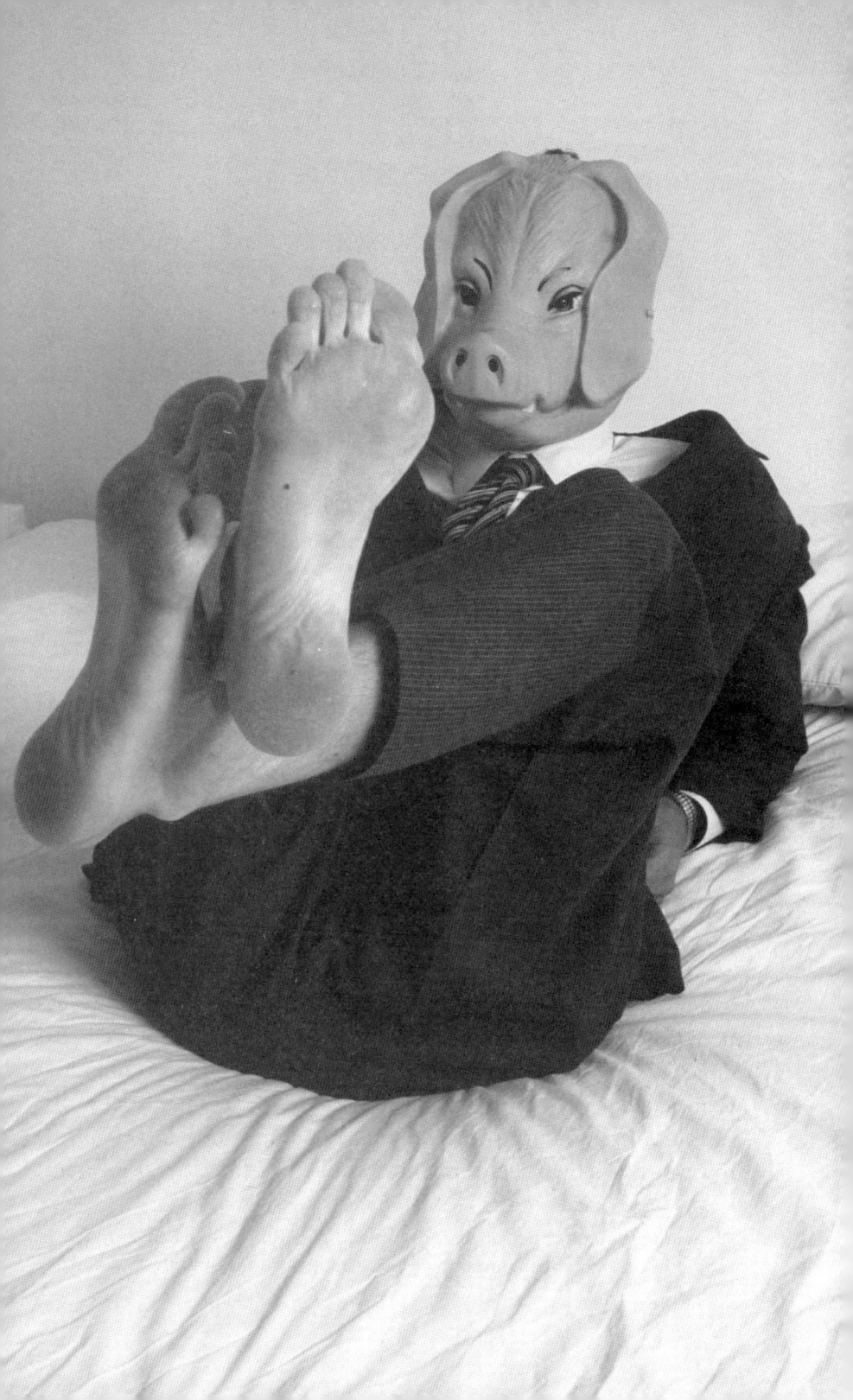

EL GRINCH

Tuve que ir a ver la nueva versión de *El Grinch* inmediatamente, sólo para formar parte, tan rápida y eficientemente como fuera posible, del espíritu de odio hacia esta festividad impía. Sabía que sería una experiencia aterradora, con todos esos monstruitos insensibilizados por los medios corriendo de un lado a otro rogando que les comprasen merchandising, pero esa era justo la clase de experiencia de unión con el Grinch que estaba buscando. Y tal como la película demuestra, tanto explícita como implícitamente, no hay mejor momento que la Navidad para sacar a relucir tus tendencias masoquistas más extremas.

Como la mayoría de los adultos en su sano juicio, nunca me ha gustado la idea de que el pequeño Opie[2] de *El show de Andy Griffith* se convirtiera en un importante director de Hollywood. Prefiero recordarlo como ese simpático personaje de Maybury, con cara pecosa, parecido a Huckleberry Finn. Como autor, nos ha endilgado algunas de las peores películas de Hollywood que se recuerdan (*Rescate* y *Llamaradas* me vienen inmediatamente a la cabeza). Películas embarradas, torpes y facilonas con el foco puesto en valores familiares anticuados y un estilo propagandístico a lo Norman Rockwell.

Resulta gratamente sorprendente, por tanto, que la versión de Howard del Grinch sea tan desagradable. Desde *Popeye*, de Robert

---

2 Nota del traductor: Personaje interpretado por Ron Howard en su niñez. La sitcom fue considerablemente popular en Estados Unidos durante la década de los sesenta.

Altman, ningún dibujo animado se había trasladado a la pantalla de forma tan mezquina y con un fervor sádico tan descarado. En ambos casos, lo que resulta gracioso o caprichoso en un dibujo animado no lo sigue siendo necesariamente cuando se traslada a personas reales. En *Popeye*, cuando un personaje levanta a otro y lo pone encima de una estufa caliente, el efecto es más siniestramente sádico que inofensivamente cómico. Del mismo modo, con el nuevo Grinch, el torturado retrato de Jim Carrey de un ser solitario y amargado que anhela en secreto la aceptación y el amor parece más una dolorosa confesión autobiográfica que la representación en carne y hueso del famoso villano de dibujos animados. (Aunque es necesario apuntar que la voz atormentada y teatral de Boris Karloff como el Grinch original le confería al personaje cierto aire de Grand Guignol del viejo Hollywood que contribuía significativamente a su gélido patetismo).

La dirección de Howard de esta nueva película del Grinch, aunque a veces resulta obvia y pedestre, en realidad no está tan mal, e incluso a veces es aguda o fluida en los momentos adecuados. El diseño de producción es caótico y de un tono más oscuro de lo que cabría esperar del director de *Splash* y *Cocoon* (más Tim Burton que Walt Disney), y el maquillaje de los Quién, con sus narices pequeñas y bocas protuberantes, evoca menos la Villa Quién del Dr. Seuss que *El planeta de los simios* (cuyo reboot, curiosamente, está actualmente en manos de Burton). Y, ¿es imaginación mía o al menos la mitad de los Quién se parecen al diminuto actor/bailarín Russ Tamblyn? Pero, por supuesto, todo está al servicio de Jim Carrey, el gorila cómico de 400 kilos que desbarata ligeramente cada película en la que aparece en un vano intento de acomodarlas a su marca personal de genio excéntrico. Los improvisados diálogos y referencias de Carrey son tan variados (desde chistes sobre la industria cinematográfica hasta parodias auto-referenciales pasando por la sátira política) que, en ocasiones, el entrañable y querido programa de dibujos animados que se está recreando resulta casi irrelevante. El Grinch de Carrey pasa en un abrir y cerrar de ojos de Richard Nixon a Gore Vidal, de Gore Vidal al Sr. Peterson de *Seinfeld*, consumiendo la cultura pop como una bestia omnívora. Pero lo que resulta más satisfactorio de su interpretación es que, bajo todo el maquillaje y las prótesis, consigue emerger como un personaje extraordinariamente sensible y frágil, lleno de neurosis, contradicciones y dudas sobre sí mismo. Como con la mayoría de sus personajes, uno no puede evitar preguntarse cuánto tiempo va a conseguir Carrey seguir minando sus emociones y canibalizando su propia alma antes de acabar loco o irremediablemente vacío. Es algo que ya forma parte del espectáculo en que se ha convertido.

Pero probablemente el aspecto más perturbador del nuevo Grinch es la carga sexual y la agresividad de sus actuaciones. Mientras que Jerry Lewis fue probablemente el actor más oral que jamás haya surgido de Hollywood (cuando se ensartaba un vaso entero en la boca o cuando se metía la mano hasta tocarse la garganta), Jim Carrey es el más anal de los cómicos. Desde su infame culo cantando hasta sus interminables chistes sobre la caca, Carrey está enamorado de su propio culo y del culo de los demás. (Tom Green, el nuevo genio cómico canadiense, también es extremadamente anal, entrando casi en un estado trascendental al frotar su culo contra alguna pobre víctima o pegar su enorme nariz a algún trasero. Y si tenemos en cuenta la fijación anal de Cronenberg, creo que puedo oler una tesis doctoral sobre los anales canadienses). En *El Grinch*, uno de los momentos más asquerosos se produce cuando Carrey planta el culo de su pobre perro Max en los morritos del malvado alcalde mientras duerme. Los niños, como era de esperar, chillan de alegría.

Incluso siendo un niño, el Grinch de Carrey ya es inquietantemente adulto, con un apetito sexual bien definido. A fin de cuentas, se pasa media película desnudo en compañía de una inocente niña, lo que le confiere a todo el asunto una espeluznante atmósfera de delito sexual. Y por si fuera poco, el personaje ninfómano estilo Martha Stewart con el que el Grinch acaba emparejado desea lujuriosamente sus músculos.

Se trata de una cosmología extrañamente erógena en la que nos ha metido el pequeño Opie, y sin duda me ha hecho sentir el espíritu navideño.

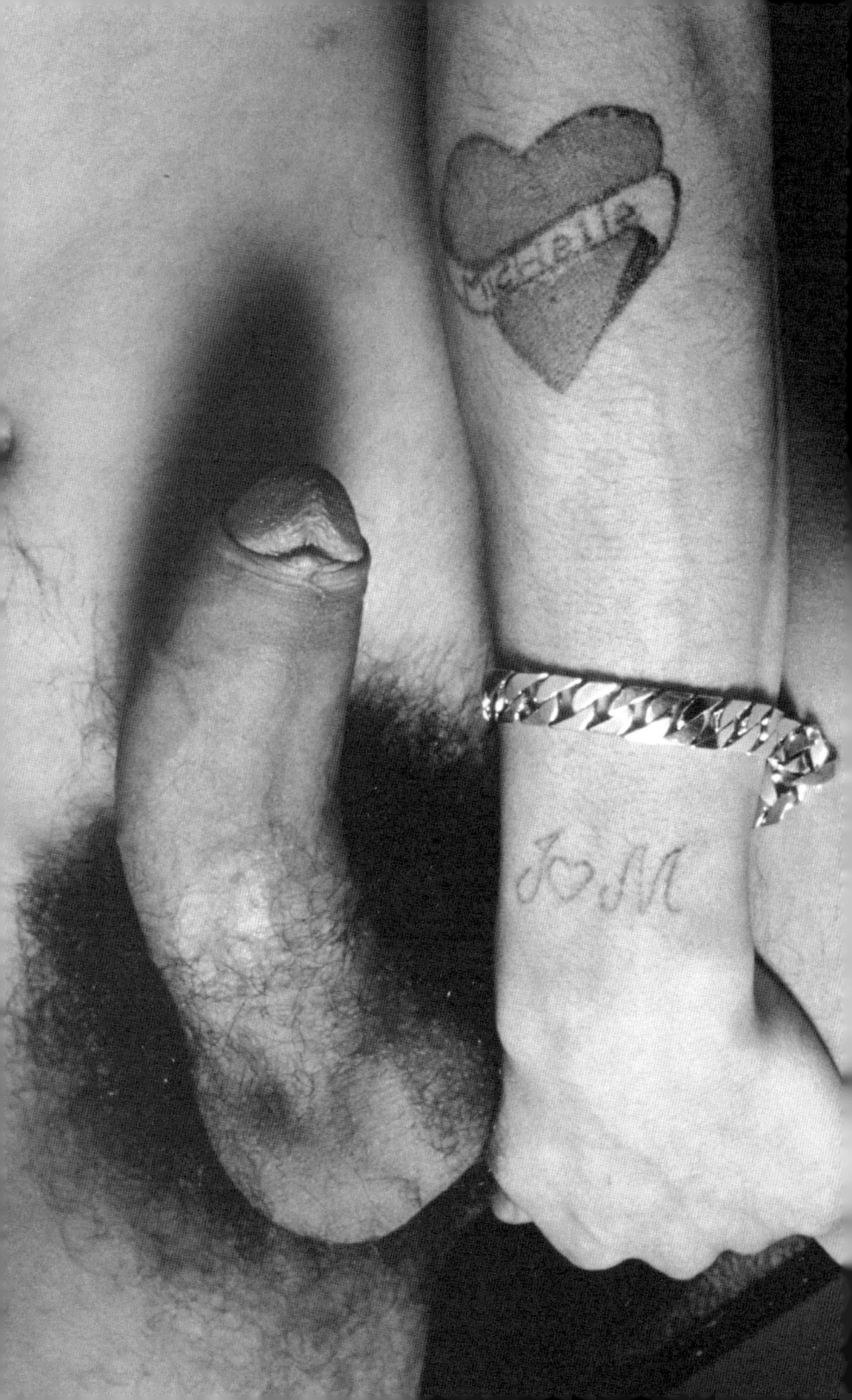

ESTEREOTIPOS HOMOSEXUALES

Es agradable ver que últimamente vuelven a resurgir en el cine algunos de los estereotipos homosexuales masculinos de toda la vida. Regresan como viejos amigos, aterrorizándonos, avergonzándonos, desconcertándonos, insultándonos. Casi había olvidado lo profundamente entretenidos que pueden llegar a ser.

Ya tuvimos un buen comienzo, a principios del año pasado, con *Eyes Wide Shut*, cuando Alan Cumming nos ofreció un clásico retrato de recepcionista gay, desmayándose y flirteando escandalosamente con Tom Cruise. El conserje seco y elegante ha sido un elemento básico de Hollywood durante años: pensemos en Franklyn Pangborn, Billy De Wolfe o Del Moore. Por supuesto, debe haber habido una buena razón para colocar a estas reinas de hielo detrás de esos escritorios. Tal vez los guionistas se dieron cuenta de que su imperturbable serenidad y su altiva forma de poner los ojos en blanco les convertían en el perfecto hombre hetero (si se me permite la incongruencia) para las estrellas de la comedia. O tal vez, sólo tal vez, la de conserje es una ocupación que en la vida real exige personas así. Menudo concepto.

A finales de año llegó *El club de la lucha*, una clásica buddy movie en la tradición de *Dos hombres y un destino*, donde la atracción sexual sublimada entre dos amigos estalla en una orgía de violencia y caos. *El Club de la Lucha* va un paso más allá al situar a dos hombres cachondos dentro de un solo cuerpo, reforzando claramente el narcisismo tradicional de la psique homosexual. Tyler

Durden/Brad Pitt es una proyección de la fantasía masculina que Edward Norton no sólo quiere ser (el casanova fanfarrón que lleva una vida dura, folla aún más duro y se ha liberado de los grilletes de la sociedad), sino también tener. Pero como no puede follárselo, pelea con él. Me recuerda a la famosa frase de Robert DeNiro/ Jake LaMotta en *Toro salvaje*, cuando se enfrenta a un oponente especialmente guapo: "¡No sé si follármelo o pelear con él!". En ambos casos, se trata de un claro caso de pánico homosexual.

En una nota más patética, también a finales de año *Magnolia* nos presentó al homosexual fracasado y vacío, ex-estrella infantil, interpretado por William H. Macy. Desde *Los chicos de la banda*, no se había retratado a un personaje gay tan vulnerable, derrotado y enfermo del corazón en una película convencional. Igual que uno de los maricones de *Los chicos de la banda*, Macy suspira por un joven tonto, un musculoso zoquete de cincelados rasgos clásicos, bebiendo hasta caer en el estupor mientras lacera y aniquila su propio ego. Cuando se acerca al camarero, su inconsciente objeto de deseo, tiene que vérselas con Henry Gibson, una vieja reina rancia que está igualmente obsesionada con el joven semental. Las puyas aleatorias y obtusas de Gibson a costa de Macy son un delicioso ejemplo de la rimbombante demencia hiperintelectual a la que son propensos los homosexuales viejos (según he oído).

Lo que nos lleva a la última interpretación políticamente incorrecta de nuestros fantasiosos amigos: *El talento de Mr. Ripley*, basada en la novela de Patricia Highsmith, que también nos regaló la igualmente homofílica *Extraños en un tren*. Hay algo irresistiblemente sexy en un homosexual asesino, y sólo una mujer podría representar a semejante criatura con tanto amor, con tanto conocimiento de causa. En la versión de Hitchock de *Extraños en un tren*, Robert Walker es el perfecto niño de mamá pervertido: egocéntrico, petulante, inmaculado, intelectual y casi afeminado (Hitch lo reencarnó una década más tarde en Norman Bates, un personaje de clase trabajadora). Su fijación mortal por el atlético, guapo y decididamente heterosexual Farley Grainger es un prototipo del particular impulso homosexual de aniquilar lo que no puede poseer. Como dice Edward

Norton en *El club de la lucha*, después de utilizar la cara de Jared Leto como saco de boxeo: "Quería destruir algo hermoso...".

En *El talento de Mr. Ripley*, se nos presenta un icono heterosexual igualmente atractivo pero inalcanzable, el imposiblemente guapo Jude Law, que interpreta al playboy internacional Dickie Greenleaf. El mero hecho de que un hombre pueda ser tan bello y claramente narcisista sin sucumbir a impulsos homosexuales es en sí mismo un insulto a los homosexuales de todo el mundo, y cuando rechaza los avances del pálido y parroquial Mr. Ripley, debe pagar con su vida esa maldita y arrogante perfección.

La primera mitad de la hermosa pero extrañamente vacía película de Anthony Minghella es impresionante, con sus encuadres pictóricos del Mediterráneo envueltos por el dulce estribillo del jazz de la época. Pero es Jude Law quien realmente te deslumbra, con las piernas peludas y el físico duro atenuados por sus labios delicados y sus ojos azules de ensueño. El suyo es el nuevo rostro, el ideal moderno de la perfección masculina. Por supuesto, Matt Damon también es una estrella de cine, y es algo sexy con su piel paliducha y esa cabeza cuadrada colocada en un cuerpecito de bulldog, pero su atractivo no se compara con el carisma ostentoso y cosmopolita de Law.

Supongo que Minghella juega deliberadamente con esta diferencia en *Mr. Ripley*, contrastando la grosería americana de Damon con la fanfarronería continental de Law, pero el plan le sale mal: en cuanto la bestia mata a la bella, la película muere. Parte del problema es que Damon no acaba de convencer como homosexual. Su costumbre de interpretar personajes serios y nobles va en contra de su capacidad para representar la pura maldad y la traición que requiere el papel; es como si intentara con todas sus fuerzas encontrar algo de redención en un personaje que, en última instancia, sólo se ennoblece por su completa falta de carácter y su total desprecio por las reglas del juego. Cuando finalmente posee a Dickie convirtiéndose en él, Damon no se permite ni un ápice de placer en su nueva identidad: está demasiado ocupado intentando averiguar cómo hacer que este personaje, una monstruosidad de placer supremo, resulte simpático para el público. Después de *El indomable Will Hunting* me referí a Matt Damon como el anti-River (Phoenix, por supuesto); mientras veía *Mr. Ripley* no podía evitar preguntarme a qué territorio moralmente enrevesado y homosexualmente torturado podría habernos llevado River con el mismo personaje.

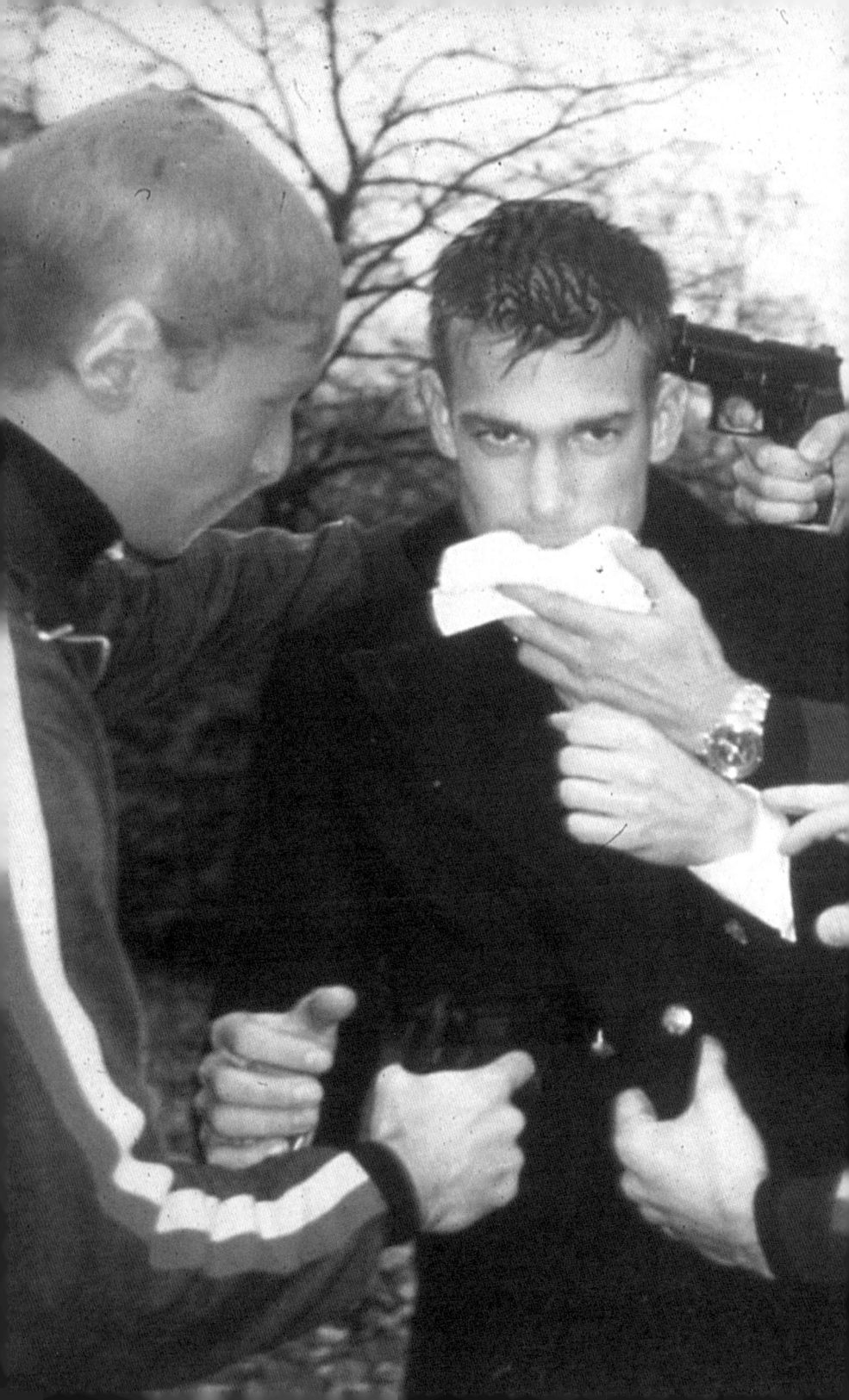

SEXO MUSULMÁN

Un amigo de Nueva York me informó hace poco de que Camille Paglia, con quien mantiene correspondencia regularmente, le había comentado que se había topado con mi nombre en el más insólito de los lugares: un sitio web de extrema derecha llamado frontpagemagazine.com. La web, que ofrece una camiseta con el eslogan "Paz mediante una potencia de fuego superior", está dirigido nada menos que por David Horowitz, uno de los fundadores de la Nueva Izquierda de los sesenta (incluso lo admite en su biografía) y antiguo editor de su revista más famosa, Ramparts. Cómo este activista judío de izquierdas y defensor de los derechos civiles acabó siendo un fanfarrón ideólogo neo-conservador sigue siendo un misterio, pero parece ser contagioso: también se podría poner a Christopher Hitchens, Greil Marcus y los Savage (Michael y Dan) en la misma categoría. Lo que hace que este fenómeno sea a la vez bastante sorprendente e incómodamente lógico es lo rápido que estos antiguos miembros de la intelectualidad judía de izquierdas (Hitchens fue una vez trotskista; Michael Savage era un nutricionista que se bañaba desnudo con Allen Ginsberg) tendieron a alinearse con las campanadas patrióticas de la alianza estadounidense-israelí tan pronto como el terrorismo que ha asolado Oriente Medio durante décadas aterrizó finalmente en su patio trasero. (Antes de que empiecen a acusarme de ser anti-judío, fue Richard Goldstein, el todavía fiable izquierdista judío y columnista del Village Voice, quien identificó por primera vez a estos pájaros como neo-fachas).

Sin embargo, por lo que he leído sobre gente como Hitchens y Savage, parece que siempre han sido derechistas disfrazados de izquierdistas de pacotilla. Tomemos, por ejemplo, la opinión extraordinariamente colonialista de Hitchens, escrita hace más de una década en The Nation, de que la conquista de los indios nativos americanos (léase: genocidio) marcó el comienzo de "una época ilimitada de oportunidades e innovación" que debería "celebrarse con gran entusiasmo". Palabras del mismo hombre que predijo que el ataque estadounidense a Irak sería "rápido, preciso y deslumbrante". Hitchens describe la fealdad de la guerra y la perspectiva de la brutal aniquilación de inocentes como si estuviera reseñando el último bombazo musical de Broadway. Adelante, George, lanza la madre de todas las bombas sobre los iraquíes. ¡Deslúmbralos!

Christopher Hitchens puede chuparme la polla, lo que me lleva de nuevo a mi mención en el sitio de Horowitz, en un absurdo artículo titulado *La relación de amor-odio del islam con la homosexualidad*, de Serge Trifkovic, extraído de su *Guía políticamente incorrecta del islam*. Después de identificarme como "homosexual promiscuo confeso" (me encanta que me reduzcan a un estereotipo cultural), Trifkovic, que es, según diversos sitios web, un defensor confeso de causas nacionalistas serbias extremistas y antiguo asesor de los arquitectos de la limpieza étnica de musulmanes en Bosnia, me cita profusamente:

> *...sigue habiendo algo extremadamente sensual y potente en la imagen del varón islámico. Sólo hay que comparar la frigidez asexuada de Bush y su bobalicona esposa con los ojos húmedos y la voz delicada del barbudo Bin Laden, femenino pero viril, con sus múltiples esposas y su vasta progenie, para captar la diferencia.*

Trifkovic me sitúa en la augusta compañía de Flaubert, Wilde y Gide como autores que ensalzan las "atracciones homosexuales del mundo islámico", y admite que he intuido algo "importante" y "peligroso" sobre el comportamiento homosexual musulmán. Aquí, sin embargo, es donde pierde el hilo. Como muchos críticos conservadores del Islam, asume que es la rígida institución del "matrimonio preestablecido", fuera del cual no se sancionan las relaciones sexuales, lo que ha contribuido a la "patología" de la cultura musulmana.

En realidad, en las sectas chiíes existe un sistema de matrimonios temporales, llamados *Mutaa*, que permite a hombres y mujeres casarse por tan sólo unas horas para mantener relaciones sexuales, tras lo cual caducan, igual que los visados. El sistema de concubinato existente (una especie de prostitución legalizada) también proporciona abundantes salidas sexuales a ambos sexos, casados o no. Queda patente que la idea de un Islam patológicamente reprimido es claramente ridícula.

Aunque expresa su desagrado por el afecto físico generalizado entre los hombres árabes, Trifkovic acaba envidiando la "franca admisión de la diferencia entre los sexos" del Islam, frente al "chaquetero feminismo unisex" de Occidente. En otras palabras, puede que todos sean una panda de maricones, pero al menos saben que son hombres. Parece que Trifkovic tiene envidia del pene. Su argumento acaba cayendo en un lodazal de tonterías edípicas: "El grito por el padre desaparecido, que emana del mundo musulmán hacia el vacío infinito desde cien mil minaretes cinco veces al día, no puede ser respondido". Igual que todos los homosexuales, todos los musulmanes son explicados mediante la teoría de la madre asfixiante y el padre distante.

Lo que Trifkovic y los de su calaña se resisten a reconocer es la fluidez de la sexualidad islámica. Si mi novio musulmán, que se define a sí mismo como "no heterosexual", sirve de indicación, lo que los hombres occidentales encuentran amenazador en el islam (dejando de lado por un momento sus elementos más extremos y represivos) es la facilidad con la que eluden las prohibiciones de sus líderes religiosos en favor de una cierta libertad pansexual. A veces mi novio me llama *Huwi*, que no es, como pensé al principio, un término cariñoso del árabe, sino una contracción de marido/mujer, que a él le parece perfectamente correcta y natural. Si personas como Trifkovic se sentaran a hablar con él (o con cualquier musulmán) tendrían menos probabilidades de atribuir una patología edípica a una cuarta parte de la población mundial.

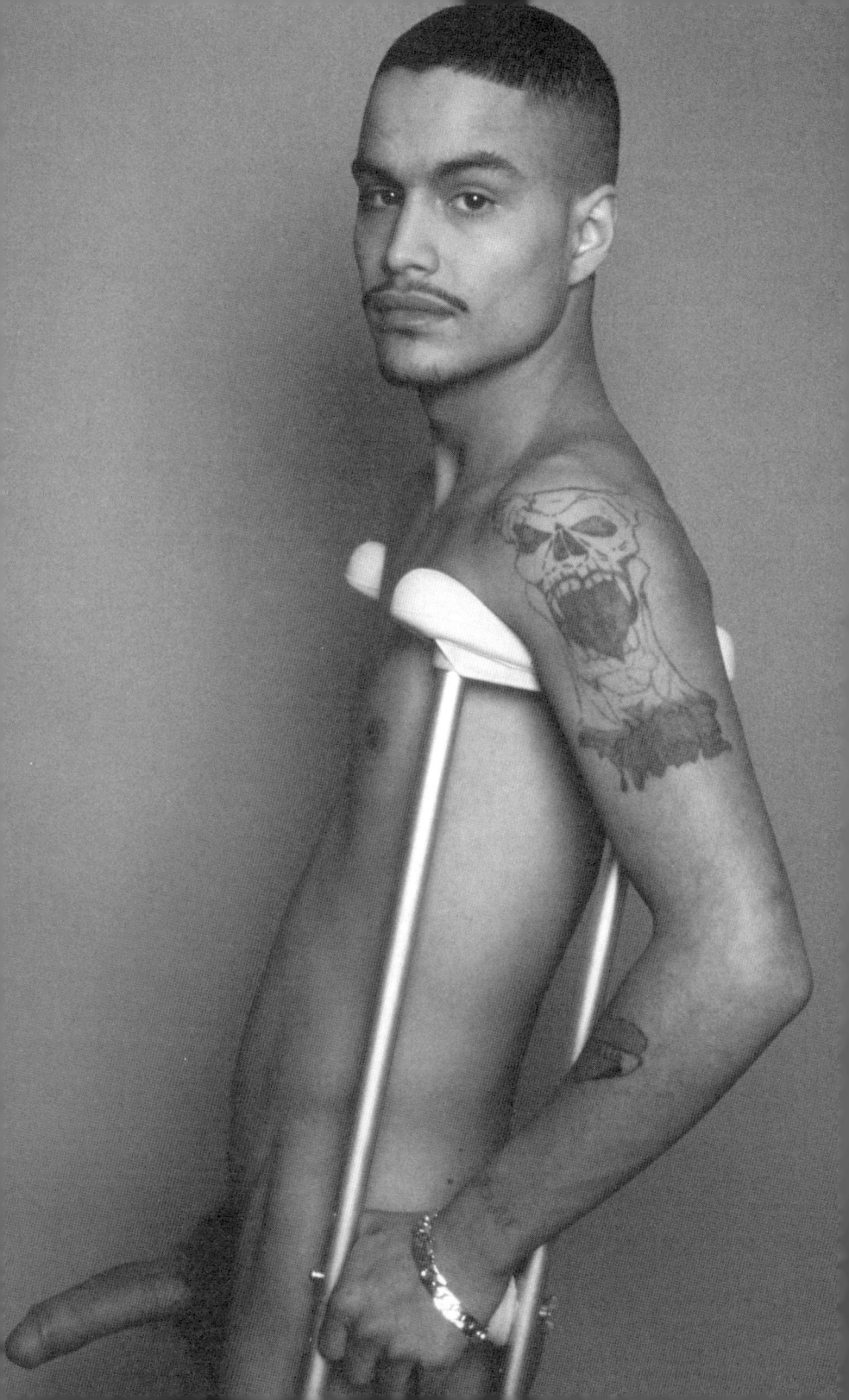

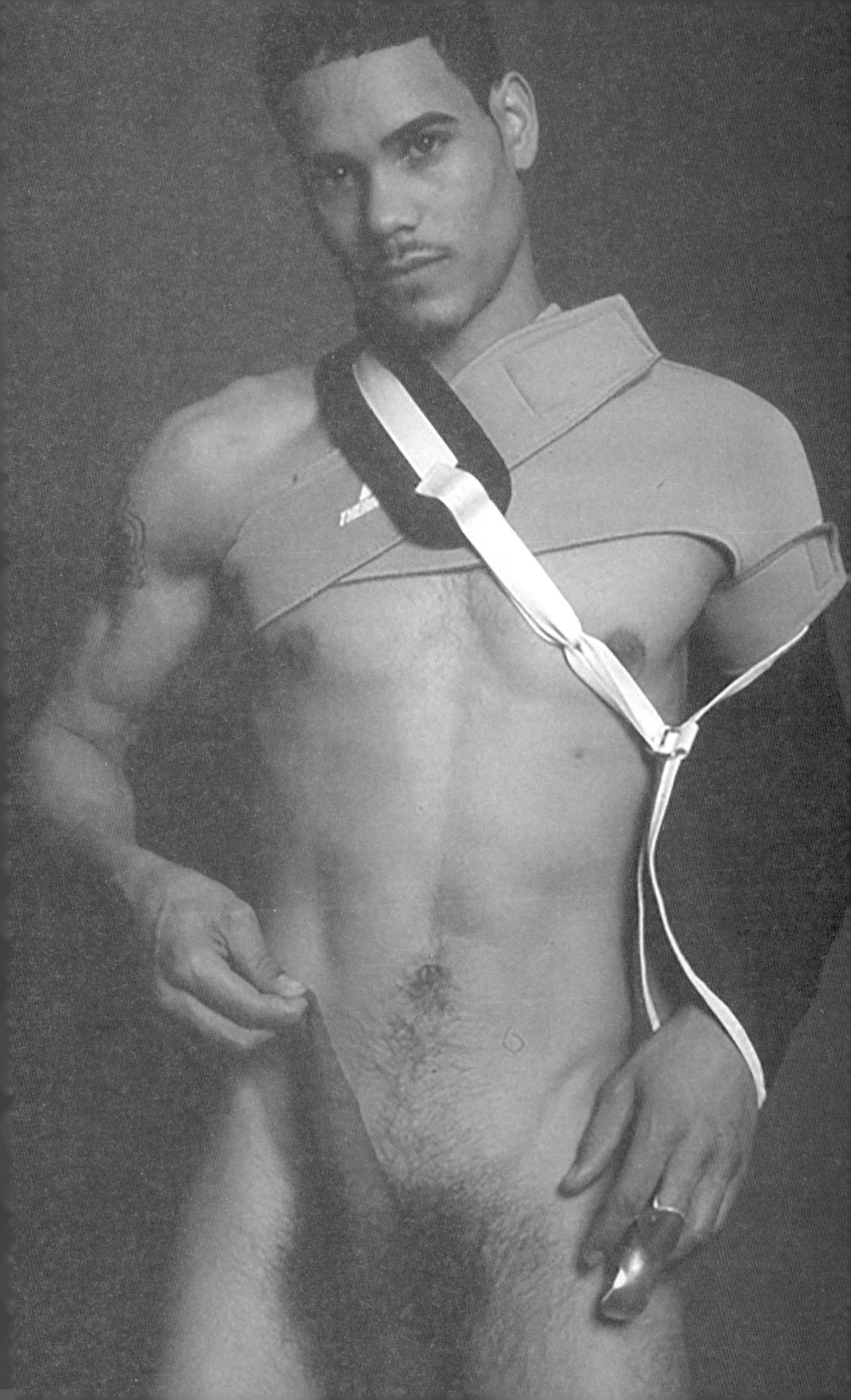

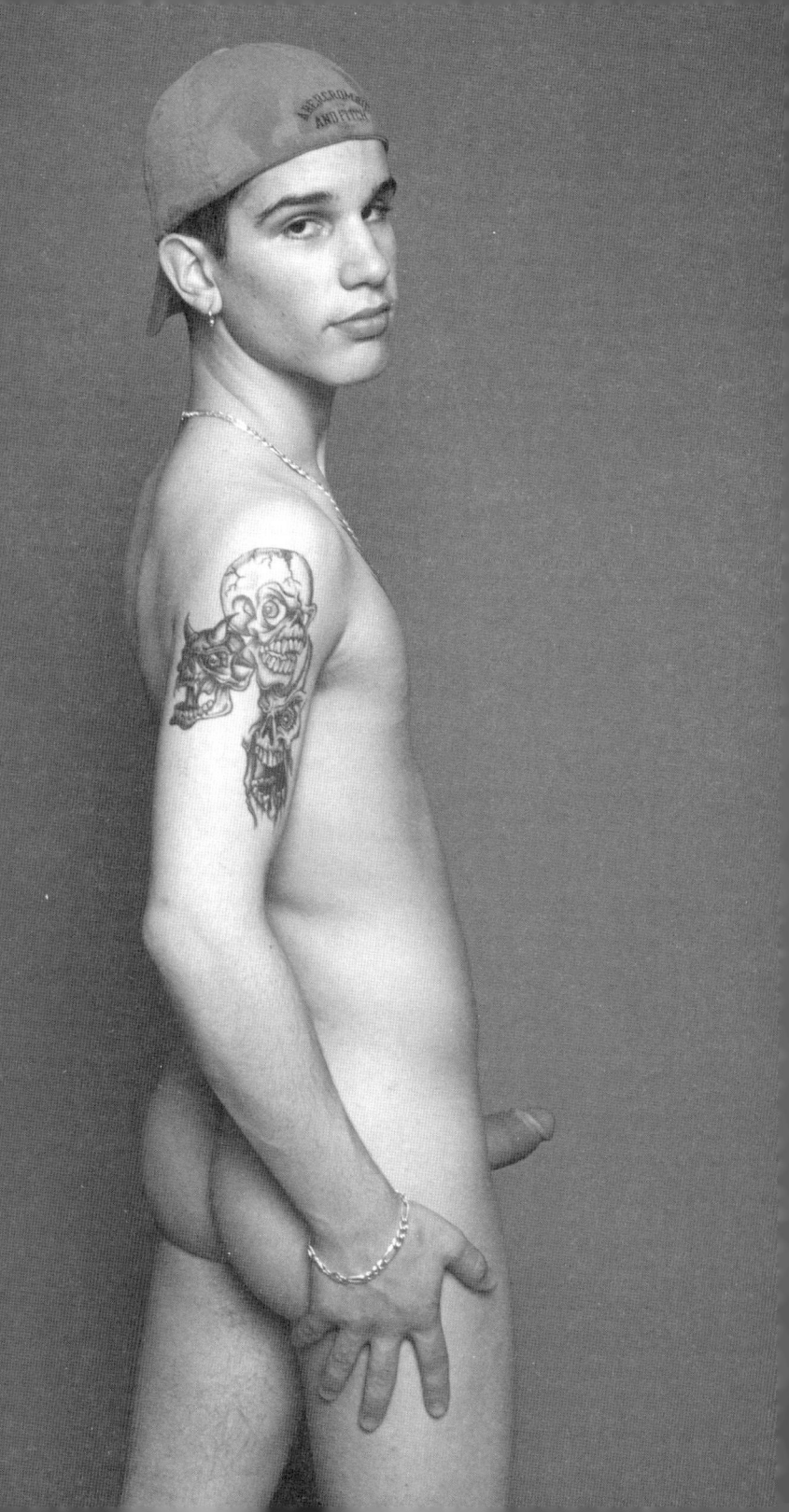

NEW YORK

New York, New York, it's a helluva town... The Bronx is up and Ground Zero is down...

En mi más reciente viaje a la gran manzana podrida, para una exposición de mis fotografías en una galería llamada John Connelly Presents en el corazón del distrito artístico de Chelsea, acaba de cumplirse el segundo aniversario del 11-S y la gente todavía está conmocionada. Supongo que cuando has presenciado en persona a alguien haciendo un salto ángel desde lo alto de un edificio de 110 pisos, no lo olvidas pronto. Además, cada vez que miras hacia el sur hay un gran agujero en el horizonte donde solían estar las Torres Gemelas. Es desconcertante. El amigo con el que me alojo en el East Village, antiguo abducido por extraterrestres y animoso conspiranoico, cree que los sucesos del 11-S constituyeron un elaborado ritual satánico y de magia sexual orquestado por los Illumnati (ya sabes de quienes hablo, los ricachones representados por el ojo en la cúspide de la pirámide del billete de un dólar que controlan el mundo), que incluye las Torres Gemelas fálicas, el Pentágono vaginal (que también es un pentagrama, niños) y un montón de sacrificios humanos. Soy un escéptico nato, pero en este punto de la historia de nuestro mundo chiflado, suena aterradoramente plausible. Sólo necesitáis ver *Eyes Wide Shut* para entenderlo.

Siempre reviento en mi primera noche en Nueva York, y este viaje no es una excepción. Me reúno con el malote Gavin Miles McInnes, editor de la revista Vice, que me lleva a rastras a la proyección, patrocinada por él, de una terrible película llamada *Wonderland* sobre un asesinato supuestamente cometido por la infame estrella del porno John Holmes, interpretado por Val Kilmer. La película consiste en un montón de escenas protagonizadas por un variopinto grupo de intérpretes desesperados por ganarse un poco de respeto, aderezadas con grandilocuentes efectos de montaje y con una banda sonora elaborada a partir de una colección de discos retro. (¿Cómo se atreven a poner *If You Could Read My Mind*, de Gordon Lightfoot, en los créditos finales? ¿No hay nada sagrado?). Es obvio que está hecha por un nuevo rico imbécil que intenta ser un cineasta inconformista pero que en realidad está fabricando un producto tan inútil y amoral que podría ser el emblema de la mala dirección del Hollywood actual. ¿Recuerdas cuando Altman y Cassavetes eran los inconformistas? Probablemente no. La mejor parte es Lisa Kudrow intentando interpretar un papel dramático mientras todo el mundo se ríe porque parece que está en un episodio muy guarro de *Friends*. (Por cierto: ¿podría alguien, por favor, rescatar a Val Kilmer de su miseria antes de que se convierta en otro Marlon Brando de doscientos kilos, paseándose por ahí con un vestido y manchas de mierda en los calzoncillos).

En la fiesta posterior, charlo amistosamente con la joven judía, aparentemente dulce, que lleva un par de días siguiendo a Gavin para escribir un artículo sobre él para la sección de estilo del New York Times. De hecho, es tan dulce que Gavin debería saber que, obviamente, va a realizar un reportaje pésimo aunque sólo sea diciendo la verdad. ¿No espera que ella tome nota de su política cada vez más republicana? No para de sacar una libretita y garabatear todas las obscenidades que decimos, como cuando hablamos de la experiencia gay y yo suelto "el sida es sólo un bache". Me sorprende que no utilice esa hermosa cita en el artículo final, aunque sí me describe como un pornógrafo gay que lleva una chaqueta con el logotipo de la NRA[3], lo que, según ella, dije que era "irónico". Dudo que yo haya utilizado esa palabra. Es más bien un gesto punk. De

---

3 Siglas de la Asociación Nacional del Rifle (National Rifle Association) de Estados Unidos.

todos modos, siempre es agradable ser mencionado en el New York Times, a pesar de Jason Blair.

Después de ver actuar a Cass McComb en el Knitting Factory, la periodista del New York Times nos deja plantados y nos vamos con una amiga francesa muy sexy llamada Agathe a un bar cercano de interior cavernoso. Es lunes por la noche, así que está prácticamente vacío; o quizá tenga más que ver con las draconianas leyes antitabaco que mantienen a los neoyorquinos fuera de los bares. Acabamos haciéndonos amigos del camarero buenorro con marcado acento de Brooklyn, al que enseño a hacer un buen boilermakers: un complicado proceso que consiste en meter un vaso de chupito de whisky dentro de un vaso de pinta vacío boca abajo, pegándolo bien al fondo, luego darle la vuelta rápidamente para que el whisky quede atrapado boca abajo y verter la cerveza sobre él vaso de chupito. Entonces hay que beberse la pinta de un trago y, cuando ya no queda cerveza, el vaso de chupito se despega y el whisky se desliza por la garganta. Es prácticamente un arte perdido.

Para cuando llevamos cinco o siete de esos, todos estamos infringiendo como locos las leyes sobre el tabaco y revolcándonos por el suelo y patinando dentro del bar. Veo un pequeño desgarrón en la parte delantera de los vaqueros de Gavin, así que empiezo a tirar de ellos y todos los demás empiezan a hacer lo mismo hasta que están casi totalmente desgarrados y entonces empiezo con su camiseta hasta que queda hecha jirones. Puedo ser muy infantil.

Un par de noches más tarde me invitan al apartamento de mi amigo Michael Ilago en Chelsea. Michael es un viejo amigo que solía trabajar en la industria musical. De hecho, firmó con Metallica, algo que a todo el mundo le hace gracia porque es un homosexual extravagante, pero que para mí tiene todo el sentido del mundo. También fue productor ejecutivo del último disco de Nina Simone y, básicamente, fue su manager durante sus dos últimos años en la Tierra. Tiene algunas historias que contar. Michael no oculta su interés por los chaperos, y tiene polaroids que lo demuestran (cajas y cajas). Después de hojearlas un rato, invitamos a mi amigo Yaroslav Mogutin a tomar champán y luego nos dirigimos a un restaurante gay de la vieja escuela en el West Village, llamado Fedora, para la cena de cumpleaños de Jack Pierson. (Sí, en la pared hay colgado un póster de la película de Billy Wilder, *Fedora*, la última de Bill Holden). Jack es un famoso fotógrafo de la escuela de Boston, de la que también forman parte Nan Goldin y Jack Armstrong. En los años ochenta, Jack hizo todas las fotos para el infame fanzine *My Comrade* de la dragqueen Linda Simpson, para el que una vez me fotografió en su estudio del segundo piso de la calle 42 chupándosela a un musculitos buenorro de Atlanta. Me pregunto qué habrá sido de él.

También asisten a la cena, de unas doce personas, mi querida amiga Kembra Phahler y su querido amigo Tatum O'Neal. No suelo entusiasmarme con los famosos, pero con Tatum O'Neal hago una excepción. Sus interpretaciones en grandes películas como *La Luna de Papel*, *The Bad News Bears* y *Faldas Revoltosas* aún me persiguen. Desde que dejó de ser una precoz estrella infantil, ha sobrevivido a la drogadicción, a John McEnroe y a la maternidad, no necesariamente en ese orden, así que ha pasado por mucho, pero a pesar de todo sigue siendo guapa y glamurosa y elegante. Estoy casi demasiado impresionado para hablar con ella, pero en un momento dado Kembra me hace sentarme a su lado y entablamos una agradable conversación sobre asesinos en serie, una especie de afición que ambos compartimos. Conoce todos los pormenores de la vida de los asesinos en serie, tanto famosos como desconocidos, cuyos detalles escabrosos cuenta con mucho gusto. Es casi demasiado glamuroso para que yo lo comprenda.

EXISTENCIA BERLINESA

La otra noche, hablando por teléfono con un amigo estadounidense que buscaba desesperadamente un contacto al otro lado del charco, intenté describir mi existencia berlinesa: "Me siento en mi habitación de tres por tres metros y leo. He leído ocho libros en las últimas dos semanas. Por primera vez en mi vida no tengo televisión. Mi único acceso a las noticias es la emisora BBC World Service. Sólo salgo para hacer ejercicio".

"Bruce", me dijo, "no quiero alarmarte, pero eso suena a cárcel".

"Vaya, tienes razón", le contesté. "Con la excepción de que en la cárcel tienes sexo".

Pero no ha sido una experiencia totalmente negativa. La vida sin televisión puede ser liberadora, con las horas en blanco ondeando frente a ti como una hilera de sábanas recién lavadas en el tendal. Y casi había olvidado lo estimulante que puede ser una buena lectura, no sólo unas pocas páginas entre otras actividades más ajetreadas, sino plantarse durante horas y horas, absorto con una narración.

Curiosamente, la mayoría de las historias que he elegido últimamente han sido de o sobre homosexuales brillantes que trabajaban prodigiosamente y con gran efecto al principio de sus carreras sólo para luego caer en una espiral de comportamiento autodestructivo que a menudo implicaba el abuso de drogas y/o alcohol y/o chaperos: Montgomery Clift, Truman Capote, Jim Williams, el vampiro Lestat, Joseph Losey (bueno, podría haber sido homosexual), Ed Wood (bueno, era un travesti). ¿Historias con moraleja o mis almas gemelas? Si me viera obligado a quedarme más tiempo en Berlín, sin duda acabaría siendo lo segundo.

La primera vez que vine a Berlín, el Muro había caído pocos minutos antes de mi llegada. El ambiente era eufórico, casi vertiginoso. Todo parecía abrirse a infinitas posibilidades, y el mundo entraba a raudales. Siete años después, la ciudad parece notablemente aislada, cautelosa, vacilante. En lugar de crear una nueva ola de optimismo, la nueva Red-Green Coalition, con sus apuntalamientos económicos neoliberalistas, parece haber dejado a todo el mundo vagamente inquieto sobre el futuro de Alemania, y más inquieto sobre su posición como vanguardia de la Comunidad Europea.

A medida que la xenofobia se institucionaliza, las tensiones raciales se agudizan. La comunidad turca (omnipresente en la zona de Kreuzberg donde me estoy quedando) parece extrañamente desintegrada, aislada del resto de la ciudad. Por supuesto, hay excepciones. Asistí a una noche dedicada a los turcos homosexuales en un local llamado SO 36, con una mezcla de música disco turca, música tradicional, baile e incluso drag queens turcas. Y en mi barrio se ven a menudo jóvenes turcas extremadamente sexys, con la cabeza cubierta según la tradición musulmana pero con faldas largas y ajustadas, zapatos de plataforma y otros adornos modernos. Los hombres, sin embargo, parecen más tradicionales y ligeramente amenazadores. Una noche, tras una victoria futbolística, me encontré, comida china en mano, esquivando a turcos borrachos que empuñaban potentes pistolas de bengalas que disparaban indiscriminadamente al aire nocturno, cuyo retroceso lograba derribarlos. Mientras pasaba de puntillas sobre los cuerpos, la sensación era vagamente apocalíptica.

Parte de la atmósfera cerrada y ligeramente sombría de Berlín puede atribuirse a la resistencia que suscita cualquier intento de devolver a la ciudad su antiguo esplendor. La última candidatura de Berlín a los Juegos Olímpicos se vio obstaculizada por virulentas protestas durante la visita del comité. Muchos ciudadanos se han mostrado contrarios a cambiar la capital de Alemania de Bonn a Berlín y a restaurar el Reichstag como sede del Parlamento. La reciente inauguración de la Pottsdammer Platz (un centro comercial glorificado) parece una promesa vacía.

Y luego está la cuestión del Este. Con su combinación de calles anchas, originalmente diseñadas para desfiles militaristas, y su austera arquitectura de la era soviética, Berlín Este ha emergido con una inesperada inclinación a la moda, con Mitte (el centro de la ciudad) emulando no demasiado sutilmente al Soho neoyorquino. Aquí, a diferencia del resto de la ciudad, al menos se puede encontrar un martini no del todo desastroso. Sin embargo, el barrio es aún más caro que el ya suficientemente caro resto de la ciudad.

Aunque el partido de extrema derecha no obtuvo la fulminante victoria que esperaba en las últimas elecciones, he oído hablar de la proliferación de simpatizantes neonazis en Alemania Oriental, sobre todo entre los jóvenes de dieciocho a veintidós años. Muchos de ellos skinheads que apoyan el nuevo fenómeno de las "zonas nacionalmente liberadas" (regiones que se habían considerado restringidas, sólo para arios). Quizá haya público para mi nueva película, después de todo. Y por supuesto, hay quienes ya sienten nostalgia del régimen comunista.

En cuanto a los alemanes en general, siguen teniendo una psicología nada fácil de digerir. Muchos de ellos hacen que yo (alguien no precisamente famoso por su capacidad emotiva) parezca Sally Field aceptando un Oscar. Hay cierta arrogancia en su maquillaje psicológico, como si te estuviesen escrutando igual que a un insecto al que podrían aplastar con la punta de la bota, aunque parezcas caerles bien.

Alguien me adelantó la teoría de que, como el alemán contiene muchas menos palabras que un idioma como el inglés, la psicología es, en consecuencia, menos ambigua y con menos matices, más brusca y directa. De lo cual la diplomacia y la gracia social son las víctimas obvias.

Berlín tiene sus ventajas: una vida nocturna movidita (que empieza un poco tarde para mi gusto); pocas restricciones en lo que respecta al tabaco, las drogas, el sexo y la pornografía; y los mejores vagabundos del mundo. Pero mientras me deleitaba desesperadamente la vista con una versión OmU de *Miedo y asco en Las Vegas* (¡infravalorada!), me di cuenta de lo mucho que echo de menos el Nuevo Mundo.

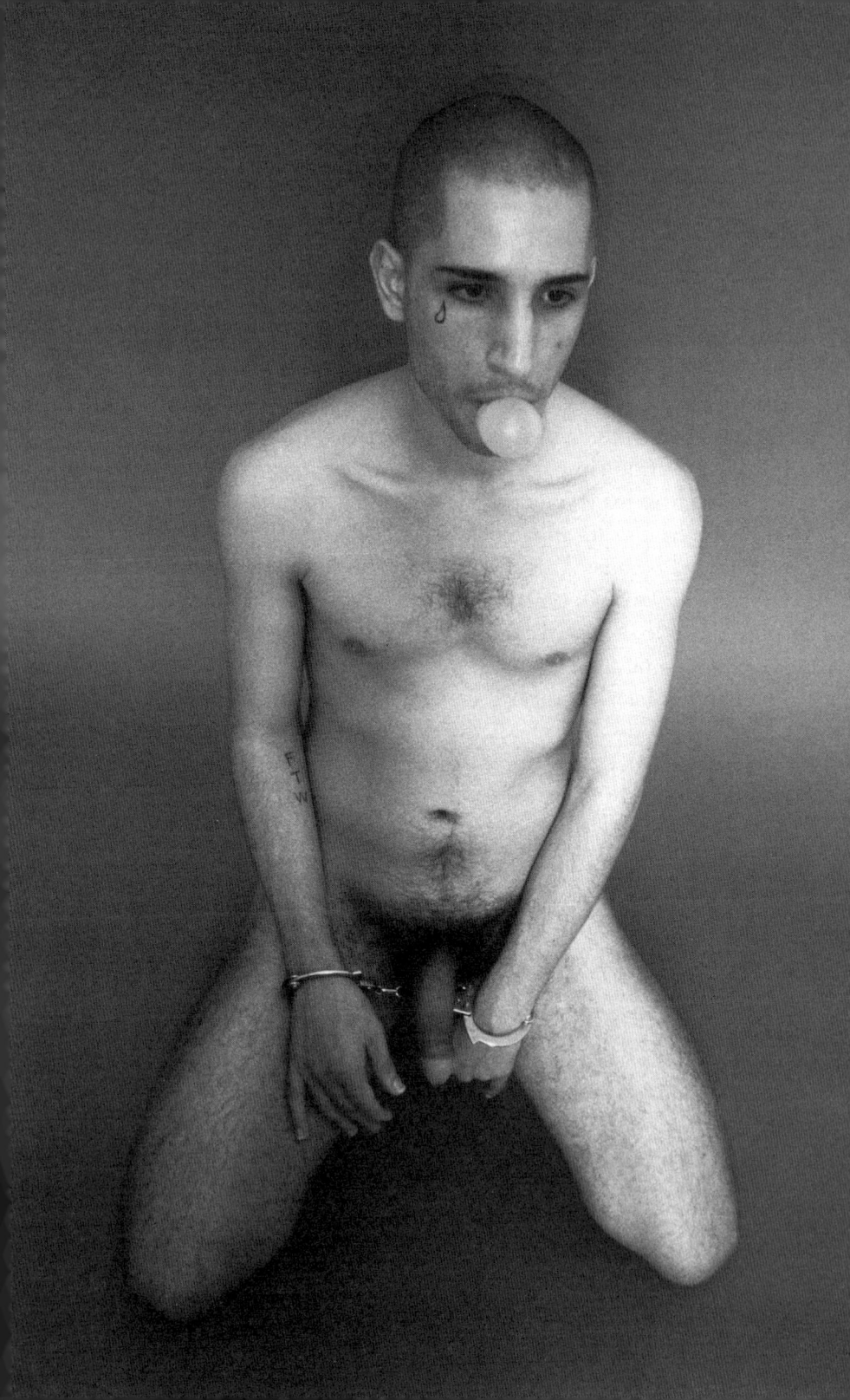

STEVE MASTERS

Hace poco recibí a un invitado de fuera de la ciudad, un actor porno británico llamado Steve Masters que estaba valorando Toronto como su posible nuevo lugar de residencia. Casualmente, yo ya había elegido a Steve, a partir de fotos y vídeos que mi productor me enseñó en Nueva York, para interpretar a Deiter, el líder de la banda de cabezas rapadas, en mi nueva película porno *Gang of 4 Skins*, que estoy rodando en Londres probablemente mientras lees esto. Así que no sólo era mi deber enseñarle la ciudad a Steve, sino también hacerle clandestinamente una audición para el papel.

Estaba un poco aprensivo mientras caminaba hacia Dundonald House, el galardonado bed & breakfast gay de Toronto, para recogerlo. Al fin y al cabo, tenía que interpretar un papel muy machista y duro, y además de líder. ¿Y si resultaba ser un chiquillo impenitente cuya única concesión a la seguridad masculina fuera abstenerse de cantar fragmentos de *Dreamgirls* mientras le metían mano? No se puede hacer un tigre pintando rayas a un gatito.

Mi inquietud se derritió, junto con mi corazón, cuando me encontré cara a cara con el hombre: un machote vestido con vaqueros negros ajustados, camiseta y botas militares, con corte de pelo militar y tatuajes imponentes. Pero la prueba de fuego aún estaba por llegar: aún no había abierto la boca. No sé cuántas veces me he dejado seducir por hombres aparentemente masculinos que luego, cuando por fin hablan, se transforman mágicamente, pasando de Steve McQueen a Madame Butterfly.

Sin embargo, mi preocupación fue en vano, porque cuando el Sr. Masters habló, lo hizo entre dientes, con un grave y marcado acento de Birmingham. Examiné su forma de andar (con las caderas prietas y los pies clavados en la tierra; no contoneándose, sino balanceándose) y supe que todo iría bien.

Nuestra primera parada fue en Spiral, el popular restaurante de Church, en el corazón del gueto. Tomé un solomillo, increíblemente bien preparado, y compartimos una magnífica botella de Merlot. El servicio fue perfecto: atento pero no empalagoso; profesional y sin embargo informal. El lugar perfecto para impresionar a un dignatario gay que está de visita.

Como Steve quería el estricto Tour Gay, lo siguiente en el itinerario era, por supuesto, Sneakers, el bar de chaperos de Yonge Street donde una vez organicé la presentación de uno de mis libritos en plan emboscada (es decir, sin informar al personal del bar de que el evento iba a tener lugar ni a los invitados del tipo de establecimiento al que habían sido convocados). Hubo mucho lío. Por alguna razón, esa noche la clientela estaba dividida noventa/diez a favor de los maduritos, así que el ambiente era escaso. Sigue siendo uno de los pocos locales gays de la ciudad donde puedes relajarte al son de una comprensiva gramola. Dios no quiera que alguien abra un establecimiento así en algún lugar fuera del gueto para esas noches en las que no te sientes lo bastante gay como para hacerte la caminata.

Me sentí obligado a llevar a Steve a Woody's, la zona cero del gueto. Supongo que el equivalente neoyorquino sería el Monster, menos su pista de baile en la planta baja. No es exactamente lo mío pero, de nuevo: odio a los gays.

A continuación, nos dirigimos al Black Eagle, situado unas puertas más abajo. Es agradable tener un leather club en el centro de la ciudad, aunque sin los puñetazos escandalosos que se pueden encontrar por ejemplo en R. Keller, su equivalente parisino. Al menos los vídeos son hardcore. Arriba, la música y el ambiente en general son sorprendentemente de la nueva escuela. Mi acompañante se enamoró perdidamente, como casi todos los que conozco que van allí, del guapo camarero del piso de abajo, que lleva tatuada la palabra "Anima" en la parte superior de la espalda con letras bien grandes, el término junguiano para el componente femenino de la personalidad masculina. Espero que eso no signifique que es pasivo, porque quiero salir con él.

Por supuesto, teníamos que parar en Remington's, el club de striptease gay de Toronto. Con escenarios arriba y abajo, siempre hay mucho que ver, aunque la calidad de los bailarines parece haberse deteriorado un poco desde la vez que quedé allí con Scott Thompson y Gus Van Sant para que se conocieran. Además, muy pocos de los chicos parecen molestarse en estar empalmados; si esto es culpa de la política (y del acoso policial) o de la impotencia, no tengo ni idea.

Acabamos, igual que tantos otros maricones, en el Barn, un bar para bailar que permanece abierto hasta bien entrada la noche. Allí la música puede ser sorprendentemente buena aunque, quizá por tratarse de un fin de semana, en esa ocasión era demasiado "gay house" para mí. Para entonces, debido al exceso de Maximum Ices y chupitos de Jagermeister, yo ya estaba muy borracho (hasta el punto de que el Sr. Masters empezó a recordarme extrañamente al chulo de mi ex-novio, el que se volvió skinhead). Volviendo a las viejas y peligrosas costumbres, empecé a provocarlo y engatusarlo hasta que, finalmente, al salir del bar le reté a que me diera un puñetazo. No lo hizo, así que le arreé yo uno que debió de estar bien, porque antes de que pudiese darme cuenta de por dónde me venían estaba en el suelo con un par de rodillazos en la garganta. Ni siquiera puedo recordar los puñetazos que me dio, pero da igual, fue por diversión, una pequeña pelea entre amigos. Supongo que inconscientemente le estaba haciendo una prueba para la escena en la que él y su amante skinhead le dan una paliza a un maricón (interpretado por un servidor), luego se inclinan sobre él en el suelo y se dan un gran y húmedo beso.

Obediente, acabé llevando a mi invitado a una de las muchas y bien equipadas saunas de Toronto, pero no entraré en detalles. Al día siguiente me desperté con un ojo morado y un labio hinchado que, como dice la canción, sentí como un beso.

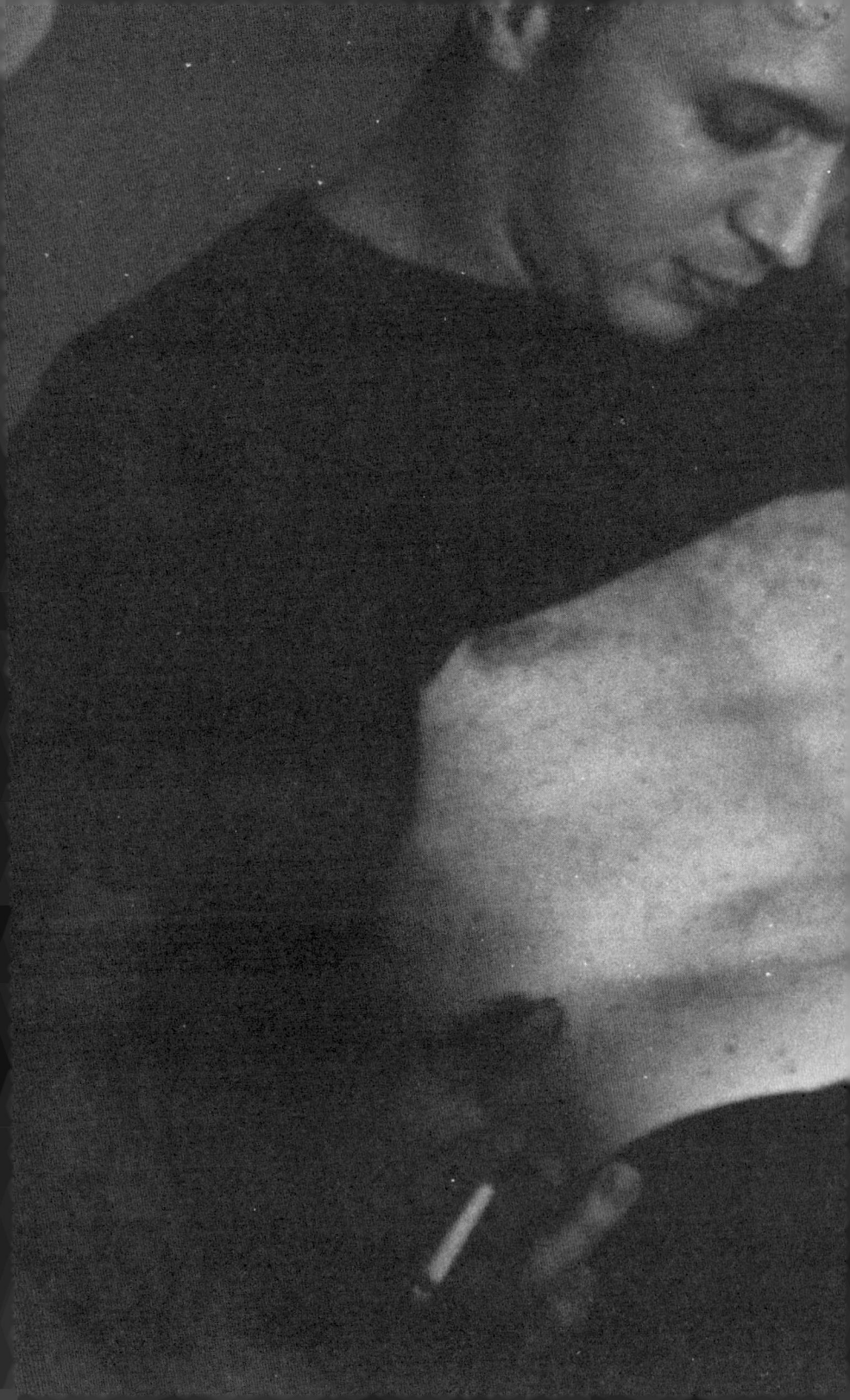

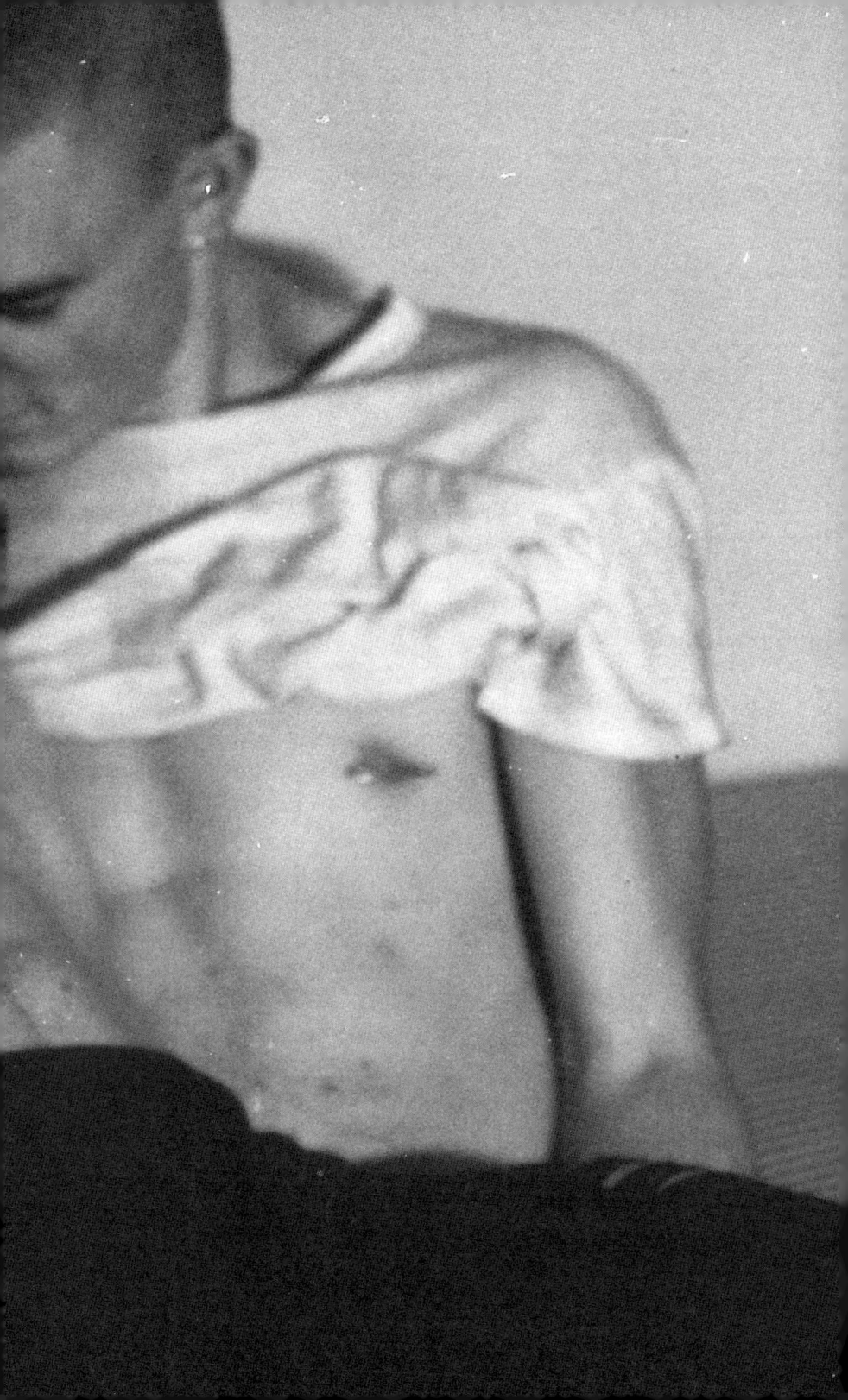

GLAMOUR

Es hora de redefinir el glamour. Oh, no estoy hablando del tipo de glamour que nos quieren endilgar hoy en día: seamos sinceros, Demi y Bruce no son Liz y Dick, y no hay nada menos glamuroso que el Planet Hollywood. Hablo de glamour en el sentido en que Andy Warhol usaba esa palabra. Si Warhol hubiera visto a Brigid Berlin pinchándose en el culo, a través de los vaqueros, con una jeringuilla llena de speed, probablemente habría dicho: "Oh Brigid, eres tan glamurosa...". O si hubiera visto a Liza desmayada en el sótano de Studio 54 tras haber tomado demasiados sedantes, probablemente habría exclamado, o puede que pensado para sí mismo: "Oh, qué glamuroso...". Esa clase de glamour.

En realidad no tiene nada que ver con el dinero. El tipo que vive en un pequeño refugio en la esquina de Spadina Road al norte de College justo enfrente del edificio municipal, y mantiene sus zapatos bien alineados junto a sus cartones mientras duerme el día entero, es glamuroso. Ciertos limpiacristales son muy glamurosos, con sus egos bien desarrollados y su agudísimo sentido de la calle. Los chaperos y las prostitutas también pueden tener un alto cociente de glamour, viviendo como viven para el drama. A menudo son mucho más glamurosos/as que las estrellas de cine.

Es mucho más glamuroso vivir como si fueras una estrella de cine que serlo de verdad.

Ser glamuroso implica una cierta actitud de los-dioses-proveerán, una particular cualidad estilo *Qué Será Será* que a menudo va en contra de las convenciones. Los terroristas, por ejemplo, pueden estar entre las criaturas más glamurosas de todas. En su mejor momento, Patty Hearst era la mujer más glamurosa del mundo, a pesar de su boina. La banda Baeder-Meinhoff, con sus gafas oscuras y su melancólica elegancia teutónica, dio a Alemania una dosis de glamour muy necesaria. Igual que Fassbinder, por supuesto, cuya combinación de melodrama sirkiano hollywoodiense y descarnado realismo social, unida a su escandaloso comportamiento homosexual (el fisting, las drogas), lo convirtieron en alguien ultraglamuroso.

Como ves, la yuxtaposición de dos o más estilos o ideologías aparentemente contradictorios es casi siempre glamurosa.

Los Panteras Negras eran el epítome del glamour, pues reconocían la importancia de reforzar el radicalismo político mediante el estilo. Y Jean Seberg, una estrella de Hollywood cuyos devaneos con los Panteras la convirtieron en objetivo de la CIA, era demasiado glamurosa para estar viva.

El inconformismo y la rebeldía casi siempre tienen glamour. Las estrellas de Hollywood de hoy en día, tan ansiosas por seguirle el juego a la maquinaria publicitaria y hacer campaña para conseguir premios, no tienen nada de glamour. Marlon Brando rechazando su Oscar para protestar por el conflicto de los nativos en Wounded Knee, o Vanessa Redgrave, utilizando su posición para apoyar a la Organización para la Liberación de Palestina (una causa muy impopular, sobre todo en Hollywood), fueron realmente glamurosos. Que Sally Field soltara "Te gusto, te gusto de verdad" al ganar su Oscar, o que James Cameron se autoproclamara el Rey del Mundo, distaban mucho del glamour.

Que River Phoenix y Keannu Reeves eligieran aparecer en una película independiente de Gus Van Sant sobre gays buscavidas en contra de los deseos de sus jefes, fue glamuroso. Que Matt Damon y Ben Affleck aparecieran en una película de Hollywood dirigida por Gus Van Sant y ganaran un Oscar, no.

Cualquier estrella que muera siendo joven es glamurosa.

El glamour también puede ser mucho más mundano. La gente que viste de forma inapropiada para el tiempo que hace es, de alguna manera, glamurosa. Jennifer Herrema, de los Royal Trux, vestida con un gorro, dos camisas y una parka mientras actúa en pleno verano en un club caluroso, es glamurosa. Los chaperos callejeros que se paran cerca del YMCA con camisetitas en invierno, tiritando y saltando para entrar en calor, son glamurosos.

No hay casi nada glamuroso relacionado con Canadá (o el Gulag, como algunos de mis amigos y yo hemos empezado a llamarla).

La heroína es glamurosa, igual que lo es el estilo demacrado.

La homosexualidad sólo es glamurosa fuera de un contexto gay, como el gueto, que es todo conformidad. La guetización sólo es glamurosa si se impone desde fuera.

El hecho de que Harmony Korine tenga ahora un ayudante gay llamado Sydney es demasiado glamuroso.

Hace poco comí con Joaquin Phoenix en Nueva York, y cuando entró en el casi modesto restaurante vegetariano de la calle 13 y todas los cabeza-granola del local se giraron, fue realmente glamuroso. Hacía tres o cuatro años que no le veía, tiempo durante el cual ha pasado de ser un chico desaliñado a un protagonista glamuroso. El hecho de que tenga una cicatriz prominente en la cara es glamuroso. El hecho de que no haya querido quedar en un restaurante de moda es glamuroso. El hecho de que sea vegetariano pero fume sin parar es glamuroso. El hecho de que siga teniendo el mismo encanto para ponerse nervioso o al intentar explicar algo inexplicable a una camarera o un desconocido es glamuroso. El hecho de que odie conceder entrevistas o hablar de sí mismo es glamuroso. El hecho de que estuviera comiendo con alguien como yo es glamuroso. Me temo que es la persona más glamurosa del mundo.

Mencionar a celebridades nunca es glamuroso.

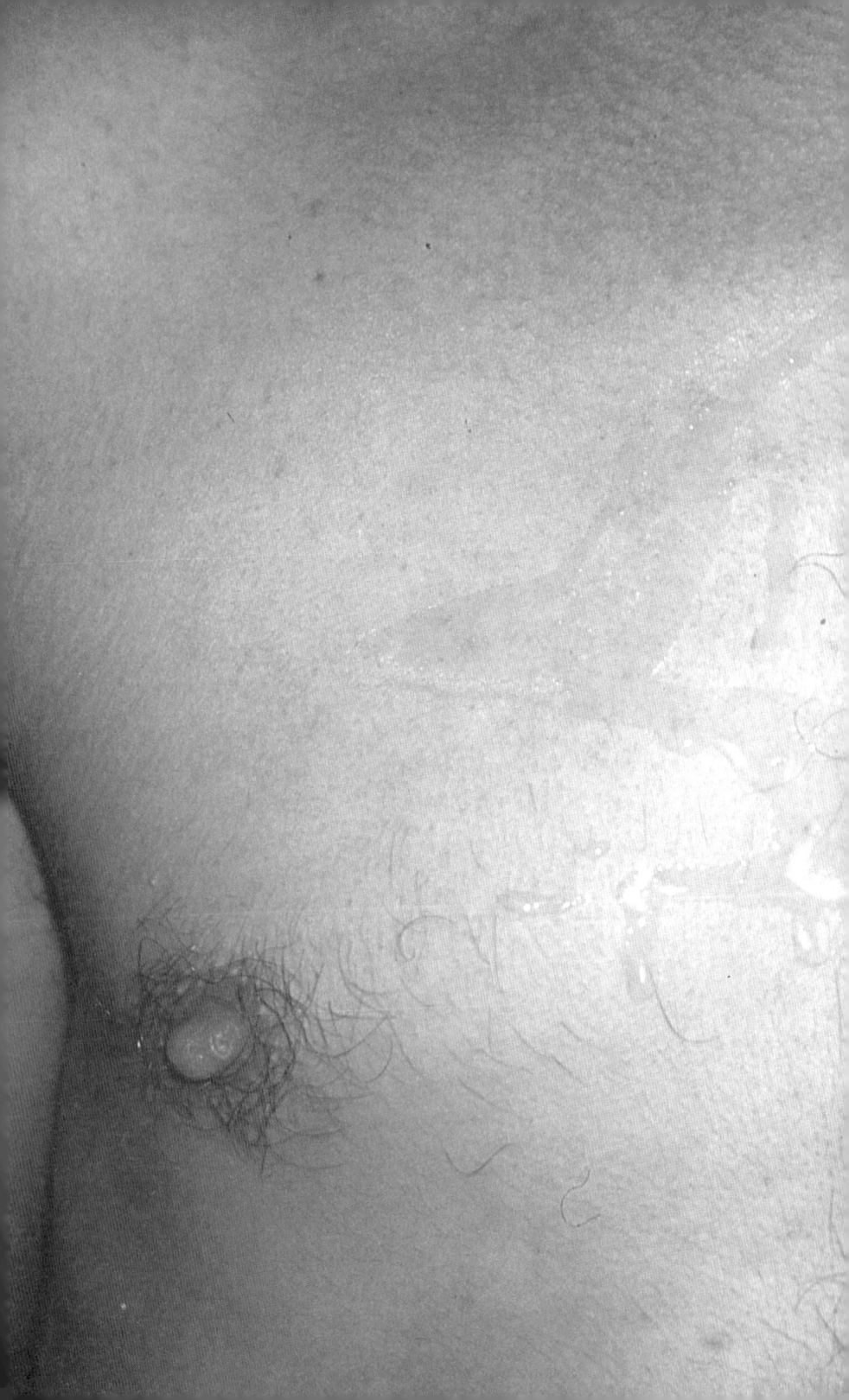

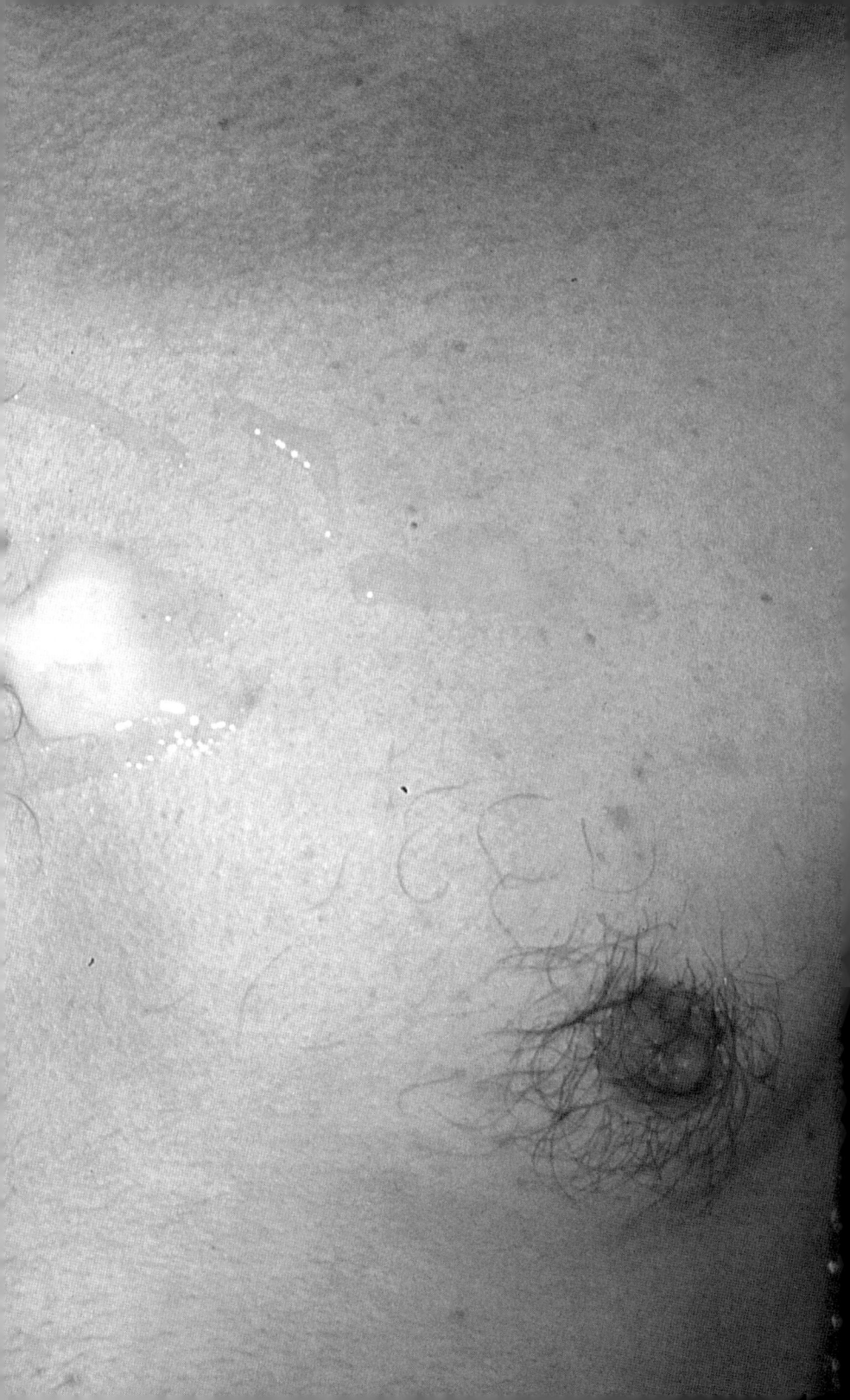

TTPByC

Entonces, ¿por dónde iba? Ah, sí, Nueva Youch. Realmente se está convirtiendo en el culo del universo conocido; lo cual, dependiendo de tus inclinaciones sexuales, puede ser bueno o malo. ¿Es una entrada o una salida? Júzguelo usted.

Después de asistir a la fiesta del quinto aniversario de la revista Index, mis compañeros y yo nos dirigimos a la fiesta "Cheap Date" en Eugene, Chelsea, para celebrar la revista del mismo nombre. Diez minutos y dos copas de doce dólares después, siento como si literalmente me estuvieran succionando el alma del cuerpo. "¿Llevas un crucifijo de sobra?", empiezo a preguntar educadamente a abyectos desconocidos y, tras registrar con disimulado regocijo sus expresiones de confusión, les explico: "Es que aquí hay muchos vampiros y he olvidado el mío en casa". Palidecen y siguen su camino.

La desesperación flota en el aire como una sopa de coño, mientras los invitados se relacionan frenéticamente tratando de averiguar a quién pueden tirarse para mejorar su agenda. He oído que hay muchas celebridades presentes, aunque el único con el que hablo personalmente es mi amigo Leo Fitzpatrick (Telly, el follavírgenes de Kids), que aparecerá en la nueva película de Larry Clark, Bully, también protagonizada por mis amiguitos Bijou Phillips y Brad Renfro. Leo es dulce, y aparentemente la fama no lo ha arruinado todavía, a diferencia de su pobre co-estrella de Kids, Casper/Justin Pierce, que se ahorcó el año pasado en una habitación de hotel de Las Vegas. Los niños de hoy en día...

De repente hay un revuelo porque Ashton Kutcher, el de *Colega, ¿dónde está mi coche?*, ha llegado buscando un nuevo modelo. Pobre chico. Lo sigo un poco por si tengo que usar mi crucifijo para salvarlo, pero me aburro y me voy.

Dos noches más tarde llego a la tienda de Vice en el Soho para una exposición fotográfica del joven fotógrafo Ryan McGinley. Hace unas semanas pasé 9 días descansando en su casa por encargo de Vice, escribiendo un reportaje sobre varios miembros del grupo de grafiteros Irak. La tienda está abarrotada con algunos de los chavales más locos de Nueva York (patinadores, grafiteros y fotógrafos en ciernes), a muchos de los cuales ya conozco. Las cosas se desmadran un poco: es un grupo de juerguistas empedernidos, alimentados mediante la ingestión de copiosas cantidades de drogas y alcohol. Nueva York siempre ha sido una ciudad de coca y heroína, pero su resurgimiento parece estar alcanzando un punto álgido. Quizá sea la compañía que tengo, pero últimamente no es raro estar esnifando y fumando abiertamente en fiestas y bares cualquier noche de la semana.

Conocí a Gavin Miles McInnes, el editor de la revista Vice de Montreal, ahora con sede en Nueva York, hace un par de meses en Gotham y desde entonces he salido con él varias veces y contribuido a su vil publicación periódica. (Pronto seré, de hecho, empleado del mes). No creo que sea revelar demasiado, teniendo en cuenta que un número reciente de Vice se titulaba "el número de la coca", y que las invitaciones a sus infames fiestas de karaoke (a las que he asistido valientemente) terminan con las letras "TTPB y C" (Trae Tu Propia Botella y Cocaína), para dejar claro que Gavin no tiene problemas ni con las islas ni con el ski (dos palabras en clave neoyorquina para *cocaína*, queridos). De hecho, lo que me parece refrescante y admirable de Gavin, aparte de su inteligencia e intensidad, es su disposición a hablar con franqueza en su revista sobre sus experiencias con drogas ilícitas y diversas perversiones sexuales. Supongo que sólo era cuestión de tiempo que nos conociéramos, un par de canadienses chalados mostrando a los hastiados neoyorquinos un par de cosas sobre el comportamiento salvaje y alocado.

Como muchos de mis amigos canadienses que viven en Nueva York, tendemos a contemplar el comportamiento excesivo de estos habitantes de Gomorra con una mezcla de desaprobación y aburrimiento en plan "eso ya lo he hecho". Creemos secretamente que hay una línea que, aunque se esnife, debe cruzarse con cierta dignidad. Aunque las fotos que tengo de Gavin en el karaoke cantando Destiny's Child desnudo podrían socavar mi teoría.

La última tendencia en Nueva York, como en todas partes, es la brecha cada vez más estrecha que separa la pornografía y la moda; últimamente he oído hablar de al menos cinco nuevas revistas que asumen dicha distinción como una cuestión básicamente académica (a falta de una palabra más apropiada). Para adelantarme a los acontecimientos, decido hacer una pequeña sesión de fotos con una estrella porno rusa y un chapero brasileño que trabaja de camarero en el Cock. Un estilista amigo mío viste al ruso con un abrigo reversible de visón negro de Gucci de 45.000 dólares y varios trajes de Helmut Lang. Le fotografío recogiendo al chapero mientras compran en Bed, Bath and Beyond, en Chelsea, antes de llevarles a un apartamento de estilo setentero, donde continúo con la sesión mientras practican sexo. Es una especie de chiste, aunque muy acorde con el espíritu de la nueva Nueva York, que se toma demasiado en serio a sí misma.

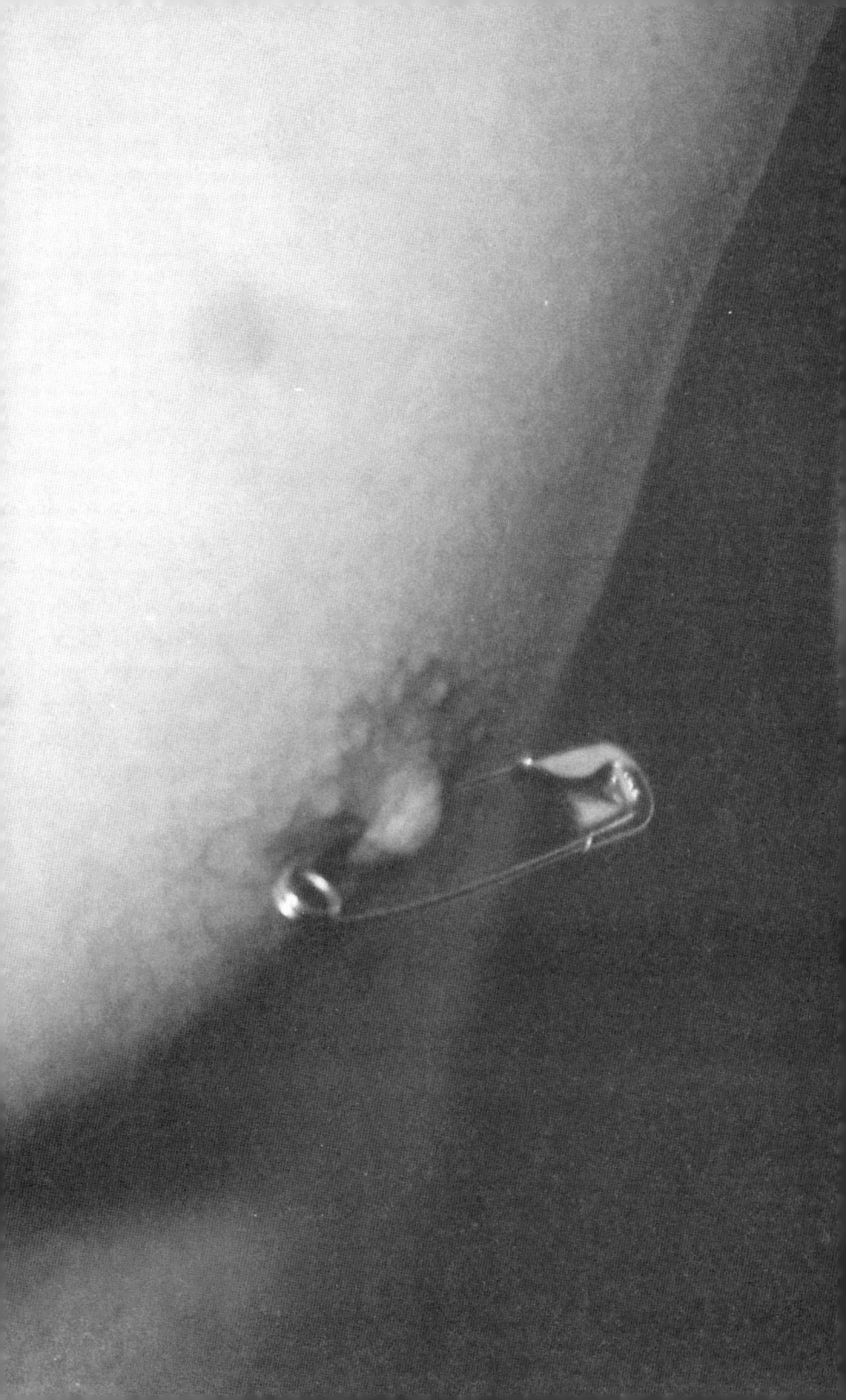

CENSURADO OTRA VEZ

No suelo utilizar mis columnas para hablar de mi trabajo, pero ¿de qué sirve tener una posición de poder si no se abusa de ella de vez en cuando? (¿Verdad, Sr. Chretien?) Imaginad mi disgusto cuando hace poco me obligaron a abandonar una exposición de arte en Milán debido a las maquinaciones de un comisario canadiense políticamente correcto y demasiado entusiasta. Ya es bastante difícil hacer frente a la censura de la derecha, que he sufrido a lo largo de toda mi carrera. De hecho, en febrero, después de haber sido invitado a exponer en el Art Institute de Chicago, dos de mis cintas de vídeo (sin copia) fueron confiscadas en la aduana cuando me las enviaron por correo y ahora están perdidas en ese turbio limbo conocido como "censura canadiense". (Aunque esto ocurrió hace más de tres meses, ni al Art Institute ni a mí se nos ha informado del motivo exacto de la incautación ni de la situación de los vídeos; las aduanas suelen ampararse en la burocracia para ofuscar esta clase de vergüenzas). Pero que nos asalte el fantasma de la censura también desde la izquierda, por parte de gente que debería estar más al tanto de cómo son las cosas, es más que molesto.

Hace un par de meses, Wayne Baerwaldt, el enérgico nuevo director de The Power Plant, me presentó a un comisario de Ciudad de México llamado Ruben Gallo, que en aquel momento enseñaba historia del arte en la Universidad de Toronto y que desde entonces ocupa el mismo puesto en Princeton. Admirador de mi trabajo, el Sr. Gallo me invitó a participar en una exposición de la que era uno de los comisarios, en Milán, en una galería llamada Fabrico del Vapore. La exposición se titulaba *Las Américas*. Rápidamente me puse en contacto con MC MAGMA, la galería comercial que me representa en Milán, y les pregunté si podían organizar la exposición de algunas de mis fotografías en este lugar no comercial. Además, tenía previsto realizar una sesión fotográfica en directo similar a las que he realizado en eventos artísticos en Los Ángeles, Vancouver y Toronto. Los responsables de Fabrico del Vapore se mostraron encantados con la propuesta y aprobaron un buen presupuesto para la performance.

Entonces, el espectáculo de la mojigatería y la censura canadienses asomó su fea y cabeza de Medusa en forma de la lúgubre protesta pseudo-gubernamental de una tal Jen Budney, conservadora de la Galería 101 de Ottawa. He aquí su correo electrónico, que habla tan elocuentemente del espíritu canadiense de libertad de expresión y de búsqueda abierta del discurso intelectual:

...me preocupa la inclusión de los fotogramas de la película de Bruce LaBruce. No sé si lo sabe, pero cuando esta película... se proyectó en Toronto para el colectivo Pleasure Dome, causó bastante controversia. Muchos miembros de la comunidad judía de Toronto se molestaron por la erotización de los skinheads, que suelen asociarse con el nazismo. Numerosos miembros de la comunidad gay de Toronto también expresaron su indignación, ya que muchos homosexuales han sufrido abusos y palizas por parte de los skinheads. Finalmente, hubo que hacer cintas de preestreno para todo el colectivo y se celebraron debates públicos. Personalmente me siento incómoda con la película, y me preocupa que pueda provocar problemas entre el público italiano... Me va a costar mucho explicar a mis artistas por qué deberían formar parte de una exposición colectiva en la que están incluidos fotogramas de esta película, de la que por supuesto ya han oído hablar, porque su autor es canadiense.

No sé por dónde empezar a analizar este atroz montón de mierda estalinista, pero lo intentaré. Sin profundizar demasiado en el contenido de mi obra, ¿de verdad alguien puede creer que un artista que quisiera promover el neonazismo lo haría retratando a skinheads manteniendo relaciones homosexuales? A juzgar por las cartas amenazadoras que he recibido de organizaciones neonazis, sólo puedo decir que si ese era mi propósito fracasó estrepitosamente. Tanto la película como las fotografías que he creado sobre este tema han provocado fuertes debates y críticas en todo el mundo, pero sólo unos pocos individuos equivocados han tenido la temeridad de intentar censurarlas, una táctica imbécil que debería dejarse para la extrema derecha. La película se ha proyectado en más de cincuenta festivales internacionales, desde Taipei a Buenos Aires, pasando por Sudáfrica. Se exhibió durante tres semanas en el Institute of Contemporary Art de Londres y se presentó, junto con las imágenes fijas, en Alleged, una galería neoyorquina de alto nivel; propiedad, por cierto, de un judío llamado Aaron Rose. Mi anterior exposición en Milán incluía esta obra, lo que llevó a un crítico de Flash Art International a llamarme "Brecht pornográfico". Aparecí en L'Uomo Vogue y en la portada de uno de los diarios italianos más populares; la editora de Vogue Italia, entre otras personas, compró más de una de las mismas fotos de las que la Sra. Budney tan valientemente desea proteger al público italiano. Creo que si el público italiano sobrevivió a Mussolini, Pasolini y Ciccolina, debería poder soportar a Bruce LaBruce.

Después de que la Sra. Budney convenciera a uno o dos comisarios de la maldad de mis fotografías, el Sr. Gallo tuvo que elegir entre retirar mi trabajo, sustituirlo por algo menos "ofensivo" o dimitir en señal de protesta. Admirablemente, eligió esta última opción. Es este tipo de parroquialismo retrógrado del cual la Sra. Budney es representante, y que parece emanar de forma más alarmante de las comunidades gays y feministas, lo que expulsa a los artistas canadienses de su propio país al tiempo que les impide ser tomados en serio a nivel internacional. El cerebro de Budney debería estar expuesto permanentemente en el Smithsonian como ejemplo del filisteísmo anti-intelectual que ha asolado América en las últimas décadas.

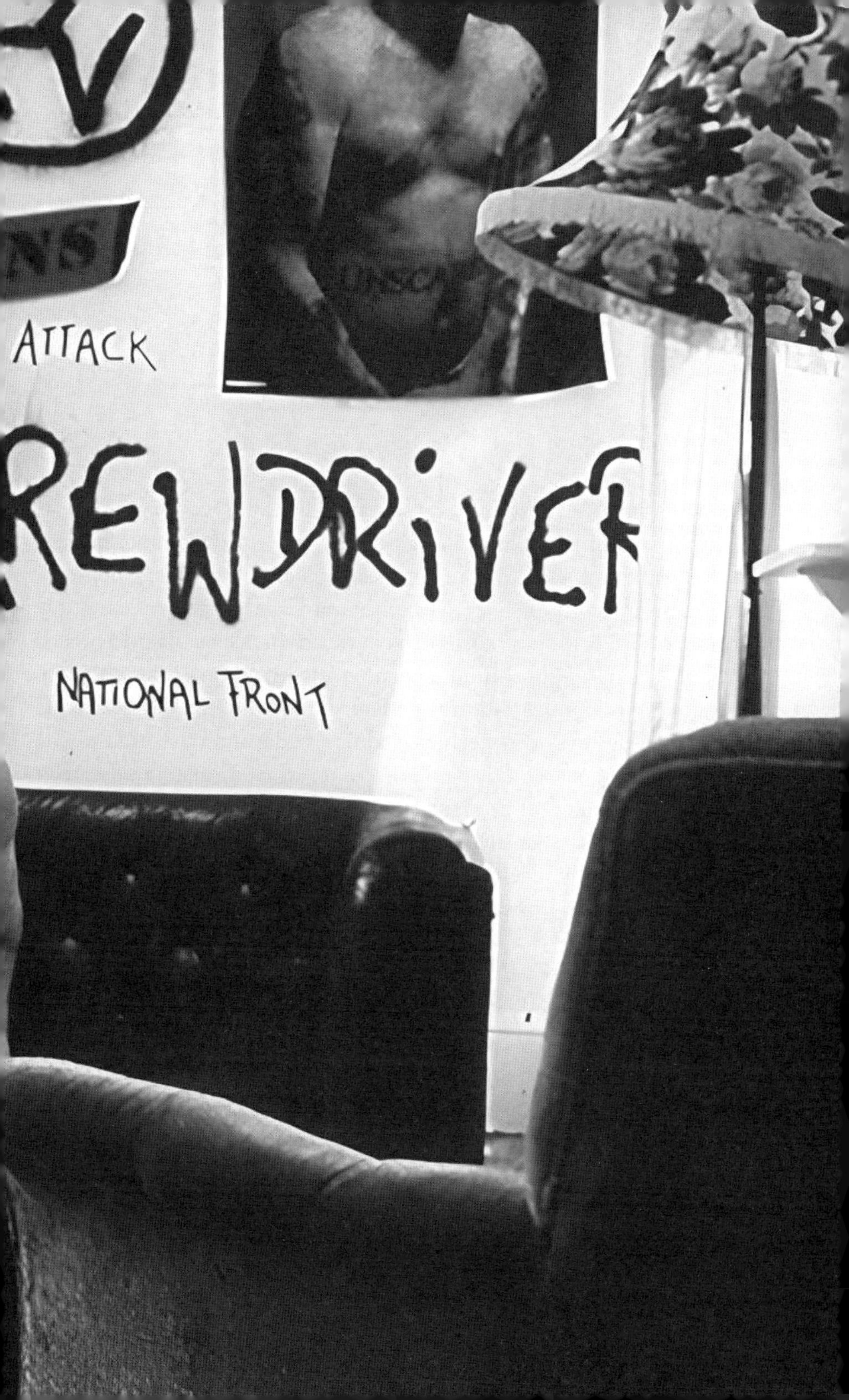

ATTACK
REWDRIVER
NATIONAL FRONT

EL MILENIO

Qué aburrido está resultando el nuevo milenio. Reconozcámoslo, el siglo XX ya ha terminado, y ahora parece como si estuviéramos haciendo lo mismo una y otra vez mientras las agujas del reloj dan vueltas.

Si pensamos en el siglo XX como una larga aventura sexual que conduce a un orgasmo teórico en el año 2000, la eyaculación precoz probablemente se produjo en torno a 1993-94, coincidiendo aproximadamente con las muertes de River Phoenix y Kurt Cobain. La supernova de estas dos hermosas almas, cada una destruida por la cínica maquinaria de una rama diferente de la industria del entretenimiento, señaló el estertor final de Hollywood y del rocknroll, respectivamente, y desde entonces ninguno de nuestros héroes ha pretendido siquiera tener integridad o pureza o, lo que es más importante, ser anti-convencionalista o inconformista. Ahora todo el mundo forma parte del juego.

Me persigue (en el mal sentido) una letra del último disco de Hole, escrita por Courtney Love mucho después de su reinvención como estrella de Hollywood por excelencia. "Es mejor ascender que desvanecerse", carraspea en *Reasons to be Beautiful*, contradiciendo maliciosamente el sentimiento opuesto evocado por Kurt en su nota de suicidio. Una verdadera declaración anti-rocknroll, creo, y mucho más en línea con la filosofía milenial en la que estamos atascados: éxito a cualquier precio, estilo sobre sustancia, dormir con el enemigo.

Pero deberíamos haberlo sabido ya en 1992, cuando Robert Altman estrenó *The Player*, una mordaz acusación contra Hollywood que Hollywood abrazó con entusiasmo, desmontando así la crítica inherente. Fue entonces cuando la serpiente se comió su propia cola.

Y entre otras noticias del mundo del entretenimiento, se ha anunciado que Madonna dirigirá el nuevo videoclip de Cher. ¿No es como si Mussolini se ofreciera a Hitler para dirigir Auschwitz? ¿O estoy exagerando? Madonna, por supuesto, alcanzó su punto álgido a principios de los noventa con su libro *Sex*, llevando la pornografía más lejos de lo que ninguna gran estrella lo había hecho antes. Pero en lugar de seguir con su agenda radical hacia el milenio, la subsecuente reacción la asustó y la llevó a jugar demasiado la carta de la maternidad y a flotar en el nebuloso y diletante mundo del misticismo oriental de Beverly Hills. Su reciente aparición en el programa de Larry King fue tan implacablemente aburrida que me quedé dormido antes de poder coger el mando a distancia.

Incluso nuestras supermodelos, esas amazonas angulosas que deberían haber inaugurado el siglo XXI para nosotros, se han agotado, gastado y descartado justo antes del gran acontecimiento. Las sustituye una cosecha de chicas más pequeñas, casualmente frescas y de aspecto más normal, del tipo de "la chica de la puerta de al lado". Francamente, yo prefería a las supermodelos. Como dijo sabiamente Joan Crawford: "Si quieres a la chica de la puerta de al lado, vete a la puerta de al lado". Es el maldito año 2000, por el amor de Dios. Quiero el ataque de la mujer de cincuenta pies, no a Loretta Young.

Sí, Kate Moss, el rostro de los noventa, ha acabado en el hospital en la cúspide del milenio, aquejada de "agotamiento" (léase drogadicción). Lo mismo puede decirse de Larry Clark, probablemente el artista más influyente de los noventa, cuya extraordinaria película *Kids*, estrenada en 1995, puso en ebullición apocalíptica cuarenta años de angustia adolescente y delincuencia juvenil.

La cobertura por parte de los principales medios de comunicación de la última película de Clark, *Al final del Edén*, realmente refuerza lo terriblemente mal que han ido las cosas a finales de siglo. En Entertainment Tonight, la cabeza de Medusa de la industria del entretenimiento, se reseñó la película sin mencionar apenas el nombre del director. Lo mismo ocurrió cuando Melanie Griffith, una de las estrellas del film, apareció en Tonight Show y habló de la película sin aludir siquiera a Larry Clark. Si estuviéramos en los años setenta, el propio Clark habría estado sentado junto a Mike Douglas o Merv Griffin fumándose un puro, borracho o colocado, despotricando contra la industria, los ejecutivos y los enemigos del arte. Los medios de comunicación de los setenta eran mucho más igualitarios y democráticos. ¿Dónde están los Mervs y los Mikes de hoy para guiarnos durante los próximos diez siglos?

En lugar del caos y el desenfreno que cabría esperar del final de un milenio, todo está muy controlado y ensayado. Incluso las guerras se han vuelto vulgares y aburridas. La Guerra Fría, que terminó de forma anticlimática hace casi diez años, parece ahora un thriller para morderse las uñas en comparación con las guerras de hoy. La reciente Operación Zorro del Desierto fue poco más que un dejavú, un remake menos exitoso de la Tormenta del Desierto, de título similar, emitida a principios de la década. Una de las grandes ironías de la tecnología avanzada es que puede tender a hacer las cosas más racionales y predecibles, y por tanto mucho menos entretenidas. Las bombas lanzadas sobre Bagdad estaban aparentemente tan predeterminadas y eran tan precisas que su despliegue real fue como ver una partida no muy emocionante de hundir la flota. Con una mayor capacidad de vigilancia en ambos bandos, los iraquíes probablemente ya sabían cuáles eran los objetivos principales y se llevaron todo lo que merecía la pena volar por los aires. Al más puro estilo orwelliano, se declaran enemigos, se amenaza con el despliegue de armas inteligentes, una de las partes se echa atrás tras cometer algunas atrocidades y las tensiones se reducen a fuego lento hasta que vuelven a estallar varios meses después. El reciente incidente de Kosovo parece una repetición.

La única promesa real de algo remotamente apocalíptico y verdaderamente del nuevo milenio es el efecto 2000, pero tengo la sensación de que incluso el efecto 2000 resultará ser un fiasco. Cuando el reloj marque la medianoche del 31 de diciembre, los aviones no caerán del cielo, las explosiones no sacudirán el mundo y probablemente la gente ni siquiera se quedará atrapada en los ascensores. La tecnología seguirá avanzando de forma eficiente y rutinaria, el tiempo seguirá en marcha. De alguna manera eso le quita toda la gracia.

HOMOSEXUAL

No quiero dar la impresión de que por el mero hecho de ser homosexual tengo que escribir exclusivamente sobre temas homosexuales, pero recientemente se han producido varios acontecimientos que plantean serias dudas sobre el estado de la cuestión.

El 19 de septiembre, fecha prevista para la inauguración del Primer Festival de Cine Gay y Lésbico de Seúl, las autoridades gubernamentales impidieron el evento con lo que el director del festival ha calificado de "interrupciones violentas" y con la amenaza de multas y penas de prisión severas para los organizadores si estos no cesaban y desistían. Se trata, por supuesto, del mismo gobierno que ha prohibido la obra maestra de temática gay *Happy Together*, de Wong Kar-Wai (ganador este mismo año del galardón de Cannes a la mejor dirección), por "no ser relevante para la vida emocional del pueblo coreano".

Mientras tanto, en Estados Unidos, la revista Esquire ha tenido la temeridad de "sacar del armario" al actor Kevin Spacey, ganador de un Oscar©, y, para colmo de males, los homosexuales han tenido que sufrir la grave indignidad de ver cómo el programa de Ellen debutaba en el número 55 de los índices de audiencia Neilsen, y cómo *In and Out* (en la que el heterosexual Kevin Kline es "sacado del armario") caía a un escandaloso cuarto puesto en taquilla.

No sé muy bien por dónde empezar. En primer lugar, ¿podemos afirmar sin temor a equivocarnos que el movimiento gay en Norteamérica ha perdido por fin toda credibilidad? Mientras que en países como Corea del Sur los homosexuales siguen luchando por las libertades básicas de reunión y expresión, a los norteamericanos sólo les queda discutir sobre cuestiones tan candentes como si se debe permitir o no que un crucero de lujo para lesbianas ricachonas y borrachas se anuncie en horario de máxima audiencia, o si una determinada celebridad es gay o no. (Te daré una pista: la mayoría lo son. Mis fuentes de Hollywood me aseguran que incluso Bruce y Demi se toman vacaciones por separado cada noche, ya me entiendes).

Resulta que no estoy especialmente de acuerdo con la práctica del *outing*, pero por todas las razones equivocadas, naturalmente. No me preocupa el posible daño que pueda sufrir la carrera o la reputación de algún famoso del cine por ser tachado de homosexual mientras en Corea del Sur (o incluso en países culturalmente más ilustrados como Italia y Japón, donde he asistido a apasionantes festivales de cine *queer* aún en pañales) la gente lucha por el derecho mismo a *declarar* su homosexualidad.

Lo que me preocupa es que cuando alguien "sale del armario" como maricón o bollera, ya no me los creo en papeles heterosexuales. Es decir, los heterosexuales conocidos pueden interpretar a maricones con mucha facilidad (de hecho, a menudo se trata de personajes con carácter plomizo que puede coronar una carrera ilustre o ganar esos escurridizos premios), pero por alguna razón no funciona a la inversa. No voy a creer a Anne Heche como objeto amoroso de Harrison Ford, aunque sospecho que puede que no sea más que una engañabobos gay, una perfecta mejor amiga en busca de notoriedad. Ford tenía razón en su condena pública inicial de la "salida del armario" pública de su co-protagonista como potencialmente perjudicial para la película, pero pronto sucumbió a la presión de varios grupos de defensa y cambió de opinión. (¿Ya nadie defiende sus propias armas? ¿Dónde está Andrew Cunanan cuando lo necesitas?).

Estoy tan cansado de los rancios rollos homosexuales sobre "salir del armario" que ni te cuento. De hecho, estoy pidiendo ahora mismo una moratoria sobre la palabra "salir" en un contexto gay, ya sea como adverbio o verbo. (Ya que estamos, ¿podría ampliar mi moratoria para incluir las palabras "fabuloso", "feroz" y "trabajo").

Si la gente quiere seguir "dentro del armario", por favor dejadles. La homosexualidad es, después de todo, una carrera a tiempo completo, y para la mayoría de la gente un trabajo ya es más que suficiente.

¿Se le ha ocurrido a alguien que la razón por la que tanta gente sigue sin querer ser identificada como homosexual en esta era de tanta visibilidad y éxito para los gays es que la imagen actual de los homosexuales es muy grotesca y banal? El circo mediático de Ellen, con la pobre marimacho en pantalones babeando por su amante (que hace el papel de chica, útilmente señalado por sus vestiditos de diseño), hace que incluso yo, un homosexual, vomite. Pero no fue hasta que ellas convocaron una rueda de prensa para anunciar que por el momento no iban a procrear cuando finalmente me vi impulsado a hacer lo que llevaba tiempo amenazando: quemar mi carné de socio. Sí, público, has oído bien. Puede que siga follando exclusivamente con hombres, pero ya no soy homosexual.

Qué deprimente es pensar que los homosexuales de Corea del Sur pueden estar luchando en última instancia por el derecho a imitar sin imaginación las prácticas y costumbres sexuales mundanas de los heterosexuales.

Kevin Spacey no fue "sacado del armario" en Esquire, aunque se podría argumentar que la condena pública del artículo, por parte de las reinonas del mundo, puede efectivamente haberlo hecho. Es cierto que no es un artículo especialmente halagador (su autor parece un cruce entre T.S. Eliot y Kitty Kelly), pero en realidad nunca afirma que el actor sea gay. Sin embargo, la gran pregunta es: ¿a quién le importa? Yo prefiero seguir pensando en ese hombre guapo y elegante como uno de los solteros más codiciados del mundo, teóricamente disponible para todas.

Estuve con Kevin Spacey una vez, en Jones, un local nocturno de moda en Santa Mónica Boulevard, justo enfrente del Formosa Cafe, el mismo establecimiento en el que Spacey, en *L.A. Confidential*, presenta a Guy Pearce (que interpretó muy convincentemente a un homosexual en *Priscilla, reina del desierto*) a Lana Turner, que está con su futuro marido, Johnny Stompanato, quien más tarde sería asesinado por la hija bollera de Lana, Cheryl Crane. (Menciono estos incidentes queer simplemente para demostrar la naturaleza tan gay del mundo del espectáculo, y viceversa). En fin, cuando me lo presentaron, Kevin dijo que había oído hablar de mí y de mis películas. Si eso no lo "sacó del armario", nada lo hará.

[Para expresar su solidaridad con el Festival de Cine Gay y Lésbico de Seúl, escriba al correo electrónico queer21@interpia.net].

TUESDAY

Una vez conocí a un miembro de A Tuesday Weld, la ya desaparecida banda de Toronto, y me mortificó descubrir que él no tenía ni idea de quién era Tuesday. El culto a Tuesday, llena sea de gracia, persiste en el ámbito de la música pop (Mathew Sweet utilizó una fotografía suya en la portada de su álbum *Girlfriend*, y actualmente existe una banda británica llamada The Real Tuesday Weld), pero es muy improbable que a una nueva generación de jóvenes le interese especialmente o conozca la importancia de esta deslumbrante rubia anti-explosiva. Esto se debe en parte a la propia estrella, que a lo largo de su carrera se ha mantenido notoriamente esquiva y distante, y en parte a la incapacidad del público moderno, menos sofisticado y demasiado aclimatado a la tenue luz de rubias bombillas transparentes como Paris Hilton y Jessica Simpson para descifrar su personalidad intransigente y subversiva. Quizá si supieran que Weld fue tan emblemática en su época de esplendor que apareció en la primera temporada de Los Picapiedra como una coqueta estrella de Hollywood llamada Wednesday Tuesday (la única otra estrella de cine homenajeada de esa manera fue Ann Margrock), la respetarían más.

Antes de Drew Barrymore, existió Tuesday Weld. Quizá recuerdes que cuando la rubia descendiente de la dinastía de los Barrymore tenía 14 años, en 1989, ya había sido adicta a las drogas y el alcohol, había intentado suicidarse y había escrito un libro, *Little Girl Lost*, sobre su recuperación. Desgraciadamente, su carrera posterior, como la malota novia de América con corazón de oro, tontorrona, inocua y de algún modo inerte, oculta cierta amnesia de la cultura pop donde las transgresiones de las estrellas, especialmente las femeninas, se perdonan y olvidan siempre que estas se conviertan en seres domesticados, vacas lecheras perfectamente sociales, ideales para la industria del entretenimiento, intérpretes bien pagadas que prometen no destrozar el decorado ideológicamente reaccionario. Tuesday Weld comenzó su carrera con una trayectoria similar, pero en lugar de convertirse en la infiltrada definitiva, la conformista, eligió un camino mucho más difícil y desafiante, rechazando en todo momento la mentalidad de la corriente dominante en favor de una visión más personal e íntima. Habiendo rechazado papeles protagónicos en éxitos de taquilla como *Lolita, Bonnie and Clyde, La semilla del diablo, Valor de ley* o *Bob & Carol & Ted & Alice* (cuando le preguntaron por qué había rechazado *Lolita*, respondió: "No tengo que interpretar a Lolita; yo soy Lolita"), su propia personalidad es un reproche a todas las rubias codiciosas (sean rubias o no) que ahora siguen el credo de que todo está permitido siempre que apeste a dinero o deje premios a su paso.

Según confiesa la propia Tuesday Weld, que empezó a mantener a su madre y a sus dos hermanos (todos ellos repudiados más tarde) como modelo de anuncios y catálogos a los tres años, tras la muerte de su padre y con tan solo nueve años, en 1946, sufrió una crisis nerviosa y luego, a los diez, se hizo alcohólica, faltando regularmente a clase para emborracharse en el West Village. A los doce años, en pleno modo Judy Garland (¿es su vida o la de Garland la que encarna Natalie Wood en 1965 en *La rebelde*?), se enamoró de un homosexual e intentó suicidarse tomando somníferos con ginebra, lo que le hizo perder temporalmente, tras salir del coma, el oído y la vista. Cuando debutó en el cine de Hollywood a los 13 años, en 1956, había vivido la vida más duramente que la mayoría de las actrices cuatro veces mayores que ella, lo que inspiró a Danny Kaye a bromear, cuando ella protagonizó a su hija enferma de poliomielitis en *Tu mano en la mía* (1959), diciendo: "Tuesday tiene 15 años y va para 27". Perversamente, a pesar de su prematura madurez, acabaría interpretando a dulces personajes de 16 años hasta los 27, aunque a medida que el idealismo y el optimismo de postguerra de los años cincuenta y principios de los sesenta se convertía en algo mucho más sombrío y complejo cuando Estados Unidos empezó a hundirse en el pantano de Vietnam, a finales de los sesenta, también Weld fue adquiriendo progresivamente un cariz más conscientemente siniestro y premonitorio. No voy a hablar de los rumores sobre sus relaciones con personajes como Kenneth Anger y Anton LaVey, acólitos de Aleister Crowley, ambos muy versados en las Artes Negras, pero es significativo que se la haya incluido en esta oscura compañía: una bruja honoraria. También es interesante señalar que LaVey, que dedicó *La Biblia Satánica* a Tuesday Weld y Marilyn Monroe, habló de Weld como una versión viva, más inteligente y emocionalmente estable, de Monroe y Jayne Mansfield (esta última un conocido miembro de la Iglesia de Satán) que consiguió evitar el destino masoquista de sus predecesoras apartándose del estrellato y la mirada pública.

Si las fases de la carrera actoral de Weld reflejan el tumultuoso cambio en los roles de la mujer desde los años cincuenta hasta los noventa, hay que decir que ha sido un viaje lleno de baches y, a veces, hacia atrás. Empujada a formar parte de la industria desde niña, en sus películas interpretó a la niña inocente que nunca tuvo la oportunidad de ser en la vida real. Aprovechó su infame papel de Thalia Menninger, la aristocrática, núbil y materialista adolescente, en la temporada 1959-60 de *The Many Loves of Dobie Gillis*, para conseguir papeles de gatita sexual en cuestionables películas como *Sex Kittens Go to College* (1960), *El indómito* (1961) (su obligatoria película con Elvis) y *Trampa para solteros* (1962). Aunque ya había conseguido un papel polémico (el de Selena Cross, la chica que es violada por su padrastro y luego aborta, en *Regreso a Peyton Place* (1961)), fue en sus numerosos papeles televisivos, sobre todo entre 1962 y 1964, donde empezó a articular el personaje perturbado, sociópata y decididamente asalvajado que pronto se convertiría en su marca personal. Los dos más relevantes son su episodio de *Ruta 66* (*Love is a Skinny Kid*, 1962), en el que se baja de un autobús en un pueblecito de Texas con una máscara japonesa y quema misteriosamente una muñeca en la hoguera, y su episodio de *El fugitivo* (*Rincón oscuro*, 1964), donde interpreta a una escultora aparentemente dulce e inocente con ceguera histérica que luego se revela como una asesina celosa y manipuladora. A partir de ese momento de su carrera, los guantes de noche y los jerséis de cachemira quedaron prohibidos.

Aunque a menudo interpretó a la inocente, aunque finalmente corrompida, chica de campo (la hija de un destilador ilegal perseguida tanto por Elvis en *El indómito* como por Gregory Peck en *En la cuerda floja* (1970); la impoluta novia de Steve McQueen en *El rey del juego* (1965)), fueron sus papeles gemelos de chica de pueblo ansiosa por trepar en la escala social (en dos de sus mejores películas: *Todo por amor* (1966) y *Un maravilloso veneno* (1968)) los que le permitieron ridiculizar su propia imagen de zorra y, por tanto, desarrollar plenamente su oscuro potencial. Las dos películas son variaciones muy similares sobre el mismo tema: una chica de instituto de familia monoparental desestructurada cae bajo el hechizo de un "novio" mayor que alberga delirios elaborados (y que también está fuertemente codificado como homosexual; después de todo, están interpretados respectivamente por Roddy McDowell y Anthony Perkins, ambos homosexuales en la vida real, aunque en el armario) y procede a causar estragos en la ciudad. (Recuerda que fue el primer novio de Weld, otro homosexual, quien le provocó su primera crisis nerviosa). En ambas películas, las madres son promiscuas y zorras (mujeres frustradas de cuarenta y pocos años que sofocan la libertad y las ambiciones de su hija), y en ambos casos los novios, altamente anti-sociales, tras los obligatorios aunque poco ortodoxos viajes a la colina de los amantes, se embarcan en un demencial plan homicida para sacar a la chica de su reprimida posición. ("La vieja bruja incluso se llevó las llaves de mi coche", se queja Tuesday en *Un maravilloso veneno*). Aunque la chica es innegablemente cómplice de los asesinatos (en *Un maravilloso veneno* comete matricidio, de hecho), en ambas películas es el novio el que acaba en la cárcel por el crimen, tan hechizado por su joven y anárquica belleza que asume la culpa de buen grado.

Se trata de dos comedias negras enormemente inteligentes que llegan al oscuro corazón de Tuesday Weld. *Un maravilloso veneno* se adelanta mucho a su tiempo en su descripción del terror autóctono: no es el forastero pirómano (Perkins), obviamente desquiciado y sociópata, quien se convierte en asesino múltiple, sino la majorette pecosa de la puerta de al lado que ríe y sorbe inocentemente una Pepsi después de matar a su propia madre. La escena en la que Weld, en minifalda, se sienta sobre la cara del guardia de seguridad moribundo, al que ha apaleado y arrojado al río para que se ahogue, parece extrañamente contemporánea, un presagio de la violenta desafección de la juventud actual. *Todo por amor*, una película existencial con playa y bikini, va aún más lejos en su caprichosa anarquía. "¿Cuál es tu especialidad?", pregunta McDowell en el papel de Alan, el profesor de surf soltero que se convierte en el Svengali de Weld (Barbara). "Ética adolescente y relaciones comerciales", responde ella, clavando alegremente en pantalla la propia esencia de su personaje. Por supuesto, Barbara Ann quiere ser una estrella de cine, y Alan hará cualquier cosa, incluso asesinar al joven marido del que ella empieza a cansarse, para ayudarla a conseguir su objetivo. Barbara Ann acaba en Hollywood protagonizando una película llamada *Viuda en Bikini* (entre las anteriores películas de su director se incluyen *Vampiro en Bikini* y *Bikini en la Guerra Fría*), soplando besos con su estola de visón blanco a la multitud que la engulle amenazadoramente durante el estreno. Es una acusación pura contra el sistema falso y corrupto de Hollywood, y presagia el desencanto y la retirada de la propia Tuesday de esa escabrosa industria.

Después de rechazar papeles en películas que sin duda la habrían convertido en una gran estrella, Tuesday Weld se hizo famosa en los años setenta por ser muy buena en papeles ingratos, a menudo haciendo de segundona de alguna estrella masculina sobrevalorada, lo que llevó a algunos a creer que se estaba desperdiciando su talento. Una excepción es la asombrosa *Una mujer sin mañana* (1972), basada en la obra con la que Joan Didion criticó a Hollywood, en la que interpreta a una ex-modelo y actriz en plena crisis nerviosa que sufre un aborto traumático. Su primer hijo es esquizofrénico; su marido es un mujeriego director de culto cuyo productor gay, interpretado por Anthony Perkins, es el único amigo de Tuesday. Perkins acaba suicidándose en sus bonitos y venenosos brazos.

Es casi una pena que Weld decidiera no protagonizar *La semilla del diablo* (afirma que lo rechazó porque, irónicamente, estaba amamantando en aquel momento), porque habría reforzado perfectamente todas las crueles ambigüedades de su personaje. A los niños no les va bien en las películas de Tuesday Weld: normalmente se ve obligada a abandonarlos o a abandonar a sus padres con ellos (*Nieve que quema* (1978); *Ladrón* (1981)), o se vuelven locos o los aborta antes de que tengan la oportunidad de nacer (*Una mujer sin mañana*; *Buscando al Sr. Goodbar* (1977)). Incluso cuando continuó, tras rechazar el estrellato cinematográfico de Hollywood, haciendo "películas de la semana" para televisión, sus papeles traicionaban el mismo genio diabólico: una amante asesina en *Angustia de un crimen* (1974), escalofriante remake de *Diabolique*; una mujer malhumorada acusada falsamente de asesinar a su propia hija en *Una cuestión de culpabilidad* (1978); y una divorciada con un hijo adicto a la heroína (¡interpretado por River Phoenix!) que maltrata a su propia madre (¡en una escena le da un puñetazo en la cara!) en *Círculo de violencia* (1986). El motivo de la violencia recurrente entre madres e hijas en las películas de Weld transgrede un tabú especialmente fuerte, pero nunca parece explotador ni sensacionalista, en gran parte gracias a su estilo de actuación directo y sin pretensiones. Una Elektra moderna. Sólo Tuesday Weld podría ejecutar con tanto éxito esta traicionera inversión edípica.

Mucho más que una rubia en un mal viaje, Tuesday Weld estuvo casada tres veces en la vida real (una de ellas, contra todo pronóstico, con la estrella de la comedia Dudley Moore) y tuvo dos hijos, pero su personaje en la pantalla como mujer salvaje e ingobernable, por momentos tranquila y volcánica, deja la impresión de una fuerza de la naturaleza puramente independiente e indomable, además de ferozmente feminista. Su rostro engañosamente bonito y su gran melena rubia, su sonrisa de dientes separados y sus ojos negros y ardientes, abarcan todas las contradicciones, el placer y el dolor de la mujer moderna. El crítico de cine Arthur Knight, que tuvo un cameo en *Una mujer sin mañana*, dijo una vez de Tuesday: "Me deprimió tanto que al irme de su hotel me fui a robar Bloomingdale's, y yo nunca había robado antes ni lo he vuelto a hacer después". Ese es el poder de Tuesday.

DROGAS

Como propósito prematuro de Año Nuevo, me he prometido ser un poco más reservado sobre los detalles de mi vida sexual en esta columna, ya que he oído cómo alguien de la redacción decía, sacudiendo la cabeza, que no soy capaz de escribir sin mencionar la felación, el sexo anal o la masturbación. Así que, en lugar de eso, hablemos de drogas.

Yo las apoyo, por supuesto, pero antes de pasar a ellas, permíteme salir en defensa de Tony Danza, que recientemente se manifestó en contra de las Ellen-Degeneradas por babear unas por otras en público todo el maldito tiempo. El Sr. Danza, exboxeador tatuado y muy guapo en su época, tiene toda la razón: es una muestra atroz de mala educación, acaparamiento de publicidad y ensañamiento homosexual. Es decir, ¡he visto fotos en las que prácticamente se hacen cunnilingus la una a la otra delante del Presidente de los Estados Unidos! (Dije que no iba a hablar de felaciones, no de cunnilingus). Eso no está bien. Mantened el lesbianismo en el cine, donde debe estar. Volved a ver *Alien Resurrection*, una de las grandes historias de amor lésbico de nuestro tiempo. Cuando Wynona se vuelve hacia Sigourney y le dice "Mírate. ¿Cómo puedes vivir contigo misma?", y luego añade "Qué digo. Soy repugnante", es la escena más conmovedora de auto-desprecio lésbico jamás captada en una película. Además, como dice el viejo himno punk del grupo Natalie Wood's Pool Party: "Estoy cachonda por Sigourney". Y, por cierto, la interpretación de Wynona es *tremenda* (mi nuevo superlativo).

Pero volviendo a las drogas, tengo que decir que ya es hora de que vuelvan por todo lo alto. Desde que Nancy Reagan abrió la bocaza en los años ochenta y dijo injustamente "Just Say No", los estadounidenses han dado mala fama a las sustancias químicas que alteran la mente. ¿Por qué, por ejemplo, siempre tiene que ser "abuso de sustancias"? ¿Nunca puede ser simplemente "*consumo* de sustancias"? ¿Acaso el narcotráfico internacional funciona de forma tan distinta a las gigantescas multinacionales legítimas, que también encuentran formas de actuar por encima de la ley y contribuyen a la contaminación industrial? La verdadera razón por la que el gobierno estadounidense quiere acabar con el tráfico de drogas es que la marihuana, por ejemplo, es el segundo cultivo comercial más importante del país y sigue sin proporcionarle ningún beneficio. El filibusterismo moral no es más que espectáculo.

Pero estos no son más que sentimientos anarquistas de sentido común a la antigua usanza. De lo que realmente quiero hablar es de por qué consumir drogas es tan glamuroso. Si lo piensas, el consumo de drogas es uno de los últimos grandes tabúes. Se supone que no debes hablar de ello más allá de un ronco susurro, y desde luego nunca por escrito. Es incluso peor que revelar que alguien es homosexual (¿y qué podría ser peor?).

En un viaje reciente a Nueva York para promocionar mi libro, la noche anterior a mi lectura consumí por casualidad una combinación de drogas bastante desafortunada: codeína farmacéutica, cocaína y alcohol (aunque sigo sin considerar el alcohol una droga, es sólo bebida). No fue nada grave, aunque en un momento dado volví en mí en una postura semi-recostada, con mi compañero de velada golpeándome el pecho con ambos puños. Estoy de coña. En fin, después de arrastrarme hasta la lectura y apoyarme detrás de unas persianas en el estrado, anuncié en broma al público el motivo de mi malhumorada disposición. Silencio sepulcral. Y se trataba en gran parte de un grupo de homosexuales, históricamente entre los más infames consumidores de drogas. Bueno, me podrían haber derribado con un turulo para la coca. "¿De verdad has llegado a esto?", pensé, "¿A no ser capaz de ser sincero sobre tus escarceos con las

drogas?". Los días de vino y Lenny Bruce se han acabado definitivamente.

Acabo de volver de Brasil, donde los farmacéuticos te animan a
comprar valium o fenobarbital sin receta, y donde la cocaína es tan
barata que la gente me ponía paquetes en la palma de la mano en las
discotecas. No es como si todo el mundo hubiese dejado de consumir cocaína como locos en Nueva York, porque lo hacen. Es sólo que
ahora las cosas son un poco más discretas. Atrás quedaron los días
en que el gigantesco hombre en la luna regaba con polvo blanco a
los patronos del Studio 54.

Hablando de homosexuales, hace tiempo que el equipo rosa, por
supuesto, se pasó a las drogas de diseño (cualquier cosa de diseño
es para maricones). Crystal Meth y Special K siguen estando a la
orden del día. De hecho, en un viaje reciente a Los Ángeles, tuve mi
segunda experiencia con Christine (nuestra palabra clave para Cristal). Esta vez también tuve sexo puesto de ella, con un colombiano
llamado Ismael al que recogí en el festival de cine Gino Colbert, en
el cine porno Tomkat del bulevar Santa Mónica. El problema de
estas drogas de diseño es que, aunque te ponen cachondo de forma
casi sobrenatural durante días enteros, también son inhibidores de
la erección. Lo que a grandes rasgos significa que puedes estar chu-
pando una polla flácida durante siete u ocho horas. Pero basta de
hablar de mí. (Sé que dije que no iba a hablar de la felación, pero era
importante para mi arco argumental sobre las drogas).

Varias semanas después, de vuelta en Toronto, empecé a oír rumores de que me había perdido varias fiestas en Nueva York debido
a que tuvieron que llevarme al hospital para hacerme un lavado de
estómago, pero no se lo dije a mi editor porque no quería alarmarle.
Por supuesto era falso, pero la gente quiere creer esas glamurosas le-
yendas sobre drogas. Créeme, tengo demasiados amigos ex-yonquis
con hepatitis C como para pensar que la adicción es verdaderamente glamurosa, pero una esporádica limpieza de estómago nunca ha
hecho daño a nadie.

El consumo de drogas es especialmente glamuroso para los canadienses. Cuando pillaron a Marcus Camby, de los Raptors, con

marihuana (vale, es yanqui, pero juega en un equipo canadiense), tuvo mucho glamour. El hecho de que un músico canadiense de alto nivel cuyo nombre no puedo divulgar porque es tabú consuma mucho crack es glamuroso. Es glamuroso porque los canadienses suelen ser muy aburridos.

Sí, en una época en la que te pueden detener en Ámsterdam por fumar droga porque Holanda está preocupada por su reputación en la CEE, las drogas realmente se están convirtiendo en el último tabú. Y romper tabúes siempre es glamuroso.

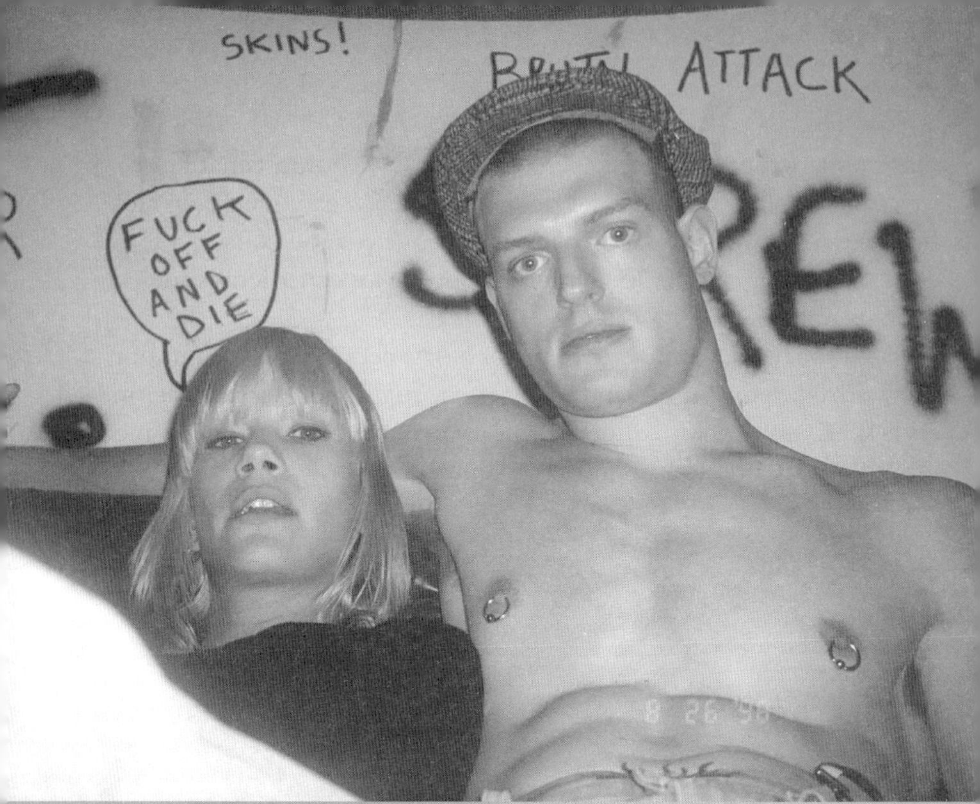
SKINS!
ATTACK
FUCK OFF AND DIE
8 26 98

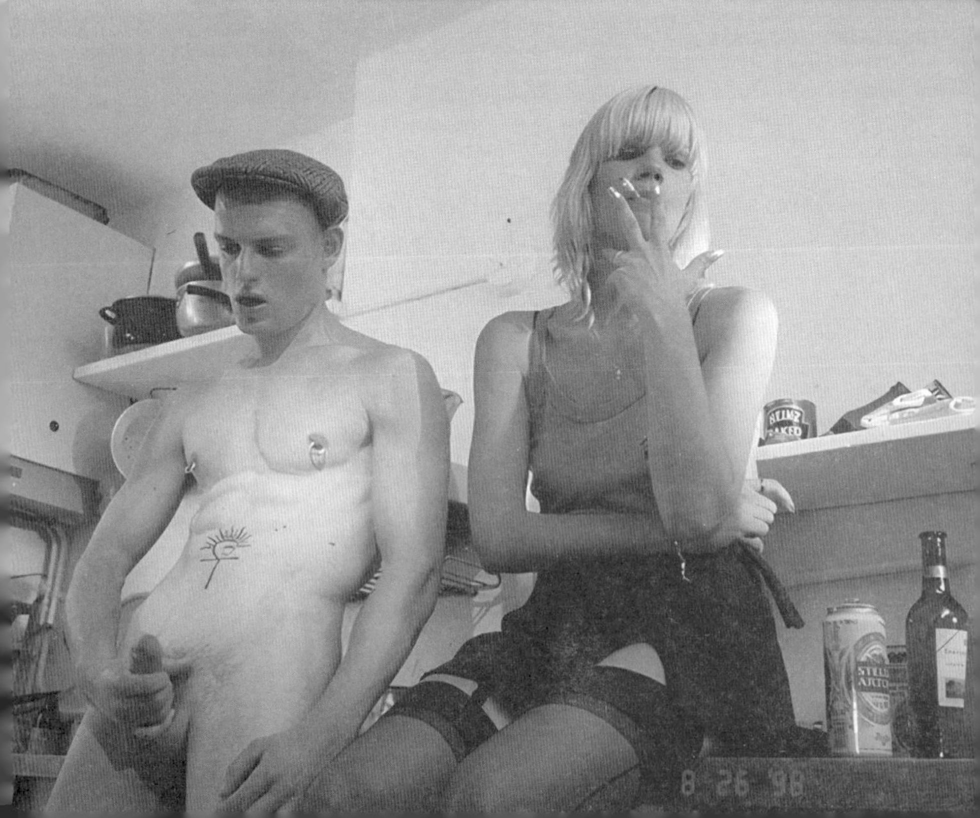
HEINZ BAKED
8 26 98

DE VUELTA DE NUEVA YORK

Me alegro mucho de que el avión no se estrellara cuando volvía de Nueva York la semana pasada, porque tanto Anne Heche como Michael J. Fox iban en primera clase. Si nos hubiéramos estrellado, me habrían relegado a una microscópica nota a pie de página en todos los periódicos. Imagínate, Heche, la gay impostora, la amenaza bisexual que hace poco dejó a su famosa amante bollera, y Fox, la diminuta estrella de la comedia canadiense ex-patriada enferma de Parkinson, que ha tomado el relevo de Christopher Reeve como el caso benéfico de los famosos del momento (no es por ser poco caritativo), ambos muertos. ¿Se habrían dado cuenta los medios de mi modesta desaparición? A menos, claro, que yo hubiera sido el único superviviente. Entonces me habría ganado unos cuantos titulares, porque, como todos sabemos, los supervivientes se encuentran entre las mayores estrellas de la actualidad.

Nueva York es demencial hoy en día. Se ha recuperado con fuerza de la mojigata represión del apoteósico alcalde Juliani (el severo dictador con la presencia de un comandante de campo de concentración, ahora marginado y con cáncer), y se dirige a una velocidad vertiginosa hacia una nueva era de ambición, exceso y codicia que está haciendo que la Gotham de los ochenta parezca un retiro de yoga. Aunque supongo que ya no puedo utilizar esa analogía, teniendo en cuenta que en estos tiempos despreciables incluso los déspotas y los materialistas cobardes practican la religión oriental. Mi director de fotografía, que ha grabado vídeos de Sting y Wilhem Dafoe practicando yoga, asiste a la misma clase que Madonna cuando está en la ciudad, quien realiza una serie de posturas de su *repetoire* habitual con su guardaespaldas recostado en una esterilla cercana. Me pregunto cuánto tiempo persistirían las inclinaciones espirituales de estos peces gordos si su gurú les pidiera que renunciaran a todas sus posesiones. Aunque supongo que su recién descubierta religiosidad les resultaría útil si todos se estrellaran en un avión con destino a Toronto.

Así que ahí estoy yo, en la fiesta de modelos de Ford en el Lotus, con Kate Moss dando vueltas al fondo (a los discos, quiero decir). En realidad no me daré cuenta de que es una fiesta de modelos de Ford hasta el día siguiente (me pregunto por qué hay tantas jovencitas altas, de aspecto desocupado, deambulando colocadas), pero de todos modos asisto. Verás, he venido por la after party de la nueva exposición del fotógrafo de moda Terry Richardson, en la galería Alleged, pero la fiesta, realmente exclusiva, es en el segundo piso, y si no estás en la sección VIP de algún club social de Nueva York no puedes entrar (como es mi caso). Por supuesto, Terry podría llevarme allí en un nanosegundo si no fuera porque es tan famoso que ni siquiera se molesta en asistir a sus propias fiestas. (Además, actualmente está sobrio).

Para acceder a ese siguiente nivel, primero tienes que sortear al gorila que hay en lo alto de la escalera. Mi amigo Earsnot, la joven estrella negra y marica del graffiti con la que he quedado, no cree que sea un problema. Con una prestidigitación sólo conocida por los neoyorquinos nativos, entramos en cuestión de segundos. Es algo parecido a cuando Obi-Wan Kanobi sortea al soldado de asalto utilizando la Fuerza en *Star Wars*.

Dentro, nos encontramos con otras estrellas del graffiti, amigos famosos de Snot. El más destacado de los cuales es Dash, cuya firma es "SASE". Dash es un apuesto joven con fondo fiduciario que ronda los veinte, con una melena rubia y grandes tatuajes. Parece un chapero muy mono y desaliñado. Ya está casado, con una chica siciliana cuya familia tiene un restaurante en el Soho, pero tienen lo que se llama un "matrimonio abierto". Por lo visto, casarse joven es algo muy *chick* en el Nueva York actual; si lanzas un mocasín Gucci, seguro que le das a una divorciada de 23 años.

Cuando salimos de la fiesta, me uno a los grafiteros, que recorren la isla de Manhattan parando el tráfico a su antojo, robando en tiendas y dejando sus marcas con rotuladores gordos y pintura en spray en todos los lugares imaginables que encuentran a su paso. Dos o tres de los chicos se plantan con los brazos en alto, armando barullo para proteger al que se ha detenido a grafitear de los ojos vigilantes de cualquier policía que pueda pasar por allí. Todos han estado en la cárcel por su arte en alguna ocasión, lo que por supuesto les confiere estatus.

Unas noches más tarde me encuentro con Dash y su mujer en un restaurante japonés y les invito a una pequeña fiesta en el bar Passerby de la galería de arte de Gavin Brown, en Chelsea. Después de charlar con algunos lumbreras, como uno de los chicos de Pavement, que es un gran Canadófilo, Dash y su mujer me invitan al cuarto de baño con algún dudoso propósito y acabo haciendo una sesión fotográfica ad hoc de ellos practicando sexo. Ese es estado actual de Nueva York.

Hace año y medio escribí un artículo para una revista neoyorquina sobre cómo Toronto empezaba a superar a Nueva York como capital del sexo de Norteamérica. Ahora, con Nueva York escapando por fin de las garras de Juliani, y Toronto bajo el pulgar de nuestro propio Juliani, el jefe de policía Fantino, volvemos a quedarnos rezagados. Añade a la mezcla la limpieza de la ciudad que seguramente traerán las posibles Olimpiadas y volvemos a ser decentes. Por así decirlo.

EL REY DE MARVIN GARDENS

Cuando era adolescente y vivía en una pequeña granja de Canadá, con sólo dos canales de televisión donde elegir, una noche pusieron una película extraña en el Late, late show. Jack Nicholson, que llevaba lo que cinco años más tarde se conocería como "gafas de Annie Hall", aparecía en primer plano, medio en la sombra, pronunciando un monólogo de casi seis minutos sin cortes.

La frase inicial de la película, "Prometí que os contaría por qué nunca como pescado", introduce su historia sobre cómo su abuelo murió atragantado con una espina de pescado mientras su hermano mayor y él retenían un trozo de "pan de centeno incriminatorio" que podría haberle limpiado el gaznate y salvado la vida. Al cabo de cinco minutos y cuarenta y cinco segundos, una luz roja intermitente aparece en la cara de Nicholson, revelando que es el presentador de un programa de radio nocturno. Ha sido interrumpido por una llamada de su hermano Jason (Bruce Dern), que está en la cárcel en Atlantic City y quiere que acuda inmediatamente para pagar su fianza. "Esto ha sido *Etcétera*, y yo soy vuestro presentador, David Staebler", dice, despidiéndose, sin parecer estable en absoluto.

Estaba algo desorientado y completamente hipnotizado por esta escena inicial, que me parecía, como niño impresionable hambriento de cultura, una especie de nuevo y radical estilo de hacer cine. La película, por supuesto, era *El rey de Marvin Gardens* (1972), la continuación de Bob Rafelson de su mordaz, aclamada y nominada al Oscar segunda película, *Mi vida es mi vida* (1970), y aunque no es exactamente la obra maestra subversiva que pensé que era entonces, todavía siento debilidad por ella. (Los críticos se ensañaron con ella cuando se estrenó, pero si sueles leer esta columna ya sabes que a menudo no dan en el clavo). Su primera película como director, *Cabeza* (1968), un vehículo para la banda The Monkees, el cuarteto prefabricado que él co-creó, es una alucinación vertiginosa e iconoclasta que sigue siendo un clásico de culto, muy adelantado a su tiempo en cuanto al protagonismo posmoderno del espectáculo.

Habiendo sido productor no acreditado tanto en *Easy Rider* (1969), de Dennis Hopper, como en *La última película* (1971), de Peter Bogdanovich, su empresa BBS, fundada con Bert Schneider, se identifica a menudo como una figura clave del movimiento de la "American New Wave" o "Nuevo Hollywood", una serie de películas elaboradas desde finales de los sesenta hasta principios de los ochenta que deconstruyeron las convenciones y mitologías de Hollywood. (Rafelson, sin embargo, no era un forastero en Hollywood: su tío, Sampson Raphaelson, escribió seis películas para ¡Ernst Lubitsch!). Este tipo de cine inconformista le llevó a dirigir *Mi vida es mi vida*, la película que encapsulaba perfectamente el espíritu contracultural del momento, resultante de la fatiga de la guerra de Vietnam y el cinismo de la era Nixon. (BBS produciría el documental definitivo contra la guerra de Vietnam, *Hearts and Minds*).

El rey de Marvin Gardens es quizá una de las más convincentes de estos duros replanteamientos de la máquina de sueños de Hollywood, una meditación sobre la soledad y la falsa esperanza que parece casi novelesca en su tono y estructura narrativa. Basada en una breve obra de ficción que Rafelson escribió en su primer año de universidad, la película trata esencialmente del bloqueo de escritor, o al menos de un escritor que se ha desilusionado con sus propias palabras y pensamientos y sólo puede hablar directamente a una grabadora. Cuando comienzan los créditos, David sale de la emisora de radio con su deprimente abrigo marrón; una serie de planos pictóricos (piensa en Edward Hopper) exteriorizan lo sombrío de su vida interior. (La película fue rodada por Laszlo Kovaks, un director de fotografía clave en la American New Wave, que también filmó

Easy Rider y *Mi vida es mi vida*). David cena solo mientras una mesa de sordos conversa en el fondo, una metáfora perfecta de su alienación. Un plano de él montando en el tranvía recuerda a *La conversación* (1974) de Coppola, otra película de la época sobre un personaje solitario desilusionado con su vocación; el uso distanciado de grabaciones de voz es un motivo importante en ambas obras. Cuando llega a casa, su abuelo le saluda con una tos sarcástica, lo que sugiere que su monólogo anterior había sido muy adornado.

El film sigue la misma estructura narrativa básica que *Mi vida es mi vida*, ya que Nicholson interpreta en ambas películas a un personaje que busca reconectar con un familiar alienado. David se marcha de Philadelphia a Atlantic City para ayudar a su hermano, un estafador excéntrico que sigue queriendo "hablar de la isla", de su sueño de poseer una isla hawaiana con su hermano pequeño, que se llamará "Staeblarabia". Jason Staebler es la lúbrica encarnación del mismísimo Tío Sam, capitalista, emprendedor, libertino e iluso, manifiestamente corrupto en la búsqueda de su destino. Vive en el mundo de fantasía capitalista del Monopoly, habiendo aterrizado ya en la cárcel sin pasar por la salida y sin cobrar 200 dólares, con las deudas a los mafiosos acumulándose. Dern está perfecto como charlatán con un lado oscuro, una parte elemental de su rol habitual en pantalla. Su química con Nicholson es palpable, quizá porque ambos son ex-alumnos de la American International Pictures de Roger Corman, una fábrica de películas de serie B que les permitió curtirse en cintas de terror y de moteros, respectivamente. (DF Laszlo Kovaks procede de la misma escuela). Los personajes de Nicholson suelen oscilar entre individuos cerebrales introspectivos y extrovertidos salvajes (o ambos al mismo tiempo, como sucede en *El Resplandor*); en este caso interpreta al primero, una variación de su personaje de Bobby Dupee en *Mi vida es mi vida*, un intelectual que rechaza sus propias pretensiones académicas pero no consigue adaptarse a las complicaciones y responsabilidades del mundo real.

David es recibido en la estación de tren por Sally (Ellen Burstyn, en una interpretación deliciosamente desquiciada), que lleva un abrigo de piel, un ramillete, un cartel de "Bienvenido", botas de cuero blancas y luce una gran melena. Incluso ha traído una banda, que toca apresuradamente de fondo, casi como una ocurrencia tardía. Tras sacar a su hermano de la cárcel, David se introduce en el mundo de Jason, que consiste en una extraña relación a tres bandas con la envejecida gogó Sally y su joven compañera Jessie (Julia Anne Robinson), por un lado, y una variedad de gángsters negros, presentados en pleno modo blaxploitation[4], por otro. (Las escenas de Nicholson con el jefe de los gángsters, Lewis, interpretado por Scatman Crothers, anticipan el inquietante uso de tropos de blaxploitation en el duelo de ambos actores en *El Resplandor*). Todo esto tiene como telón de fondo una Atlantic City decadente, anterior al casino, con los hitos de sus días de gloria apenas intactos: Lucy el Elefante, la Torre Sky, el Hotel Essex Carlton, el Restaurante Starns, el Muelle de Acero, el Club Harlem y el legendario paseo marítimo. Es un magnífico documento de una ciudad en sus días de invierno, cuyos escenarios gélidos no hacen más que reforzar su melancolía.

A través de una rendija en la puerta de la habitación del hotel, David es testigo de cómo Jason se enzarza en una inquietante pelea con pistolas de agua con Sally y Jessie en topless, que prepara el escenario para la tragedia estilo Romance Familiar que se avecina. Al final descubrimos que Jessie es la hijastra de Sally, lo que añade una dimensión incestuosa a su relación poliamorosa. (Al parecer, el guión original las presentaba como madre e hija, pero se consideró demasiado controvertido). Julia Ann Robertson interpreta con extraordinaria crudeza a la chica americana que se ha equivocado en la vida. Lamentablemente, sería su único papel relevante. Murió tres años después, a los 24, en un incendio provocado por fumar en la cama. Ay...

---

4 Nota del traductor: el blaxploitation fue un movimiento cinematográfico que tuvo lugar en los Estados Unidos a principios de los años 1970 con la comunidad afroamericana como protagonista principal. Generalmente de bajo presupuesto, era un cine pensado para el público afroamericano de origen urbano y provocó una explosión cultural en dichas comunidades, en gran medida gracias a sus bandas sonoras, elaboradas por conocidos artistas de la época.

El rey de Marvin Gardens es el tipo de estudio de personajes discreto y personal que ya no se hace en Hollywood. La película trata del romanticismo de la puesta en escena, más que que de cualquier otra cosa, y del arte perdido de la composición, una época anterior a que "trípode" se convirtiera en una mala palabra en la producción cinematográfica. El uso de la silueta, los planos de los hermanos compitiendo cómicamente en la playa, o sentados uno frente al otro, o caminando desolados por el paseo marítimo, son enormemente agradables a nivel puramente estético. La escena de la sala de convenciones vacía, en la que el cuarteto representa la vieja y rancia fantasía de un concurso de Miss América (una institución, en aquella época, tan decrépita como Atlantic City), está rodada con una luz muy intensa, que revela la andrajosa realidad del mundo del espectáculo bajo la ostentación. Jessie, la sustituta de la reina de la belleza, hace una desgarradora rutina de claqué, y David la entrevista utilizando los tópicos de innumerables presentadores del mundo del espectáculo. En la escena quizá más notable de la película, Sally, en plena crisis de mediana edad, se lleva todos sus productos de belleza a la playa y los quema ritualmente en una hoguera. "Tame, tú primero", dice, arrojando la crema de enjuague a las llamas justo antes de declarar que está "¡Dando un descanso a Maybelline!". "¿Sabes que las pestañas postizas están hechas de visón?", le pregunta a David mientras las arroja al fuego, "Llevo veinte años paseándome con visoncillos en los párpados". La escena me impresionó mucho de niño: la loca, la bruja, sacudiéndose por fin toda convención en una ceremonia espiritual. "Saludaré a la mañana tal como soy, con mi propio rostro desnudo", dice finalmente. Los dos hermosos planos en los que se corta el pelo como en trance al atardecer son imborrables, y Burstyn, que acababa de "abrirse camino" el año anterior, a los 39, con *La última película*, ofrece una interpretación extraordinariamente vulnerable basada en la noción de envejecimiento.

El sueño de Jason de "Staeblerabia", por supuesto, nunca se materializa. Sally le dispara en un ataque de celos cuando se da cuenta de que ha transferido todo su afecto a su hijastra, el modelo más nuevo, por así decirlo. A lo largo de la película, David ha intentado sin éxito grabar un nuevo monólogo para su programa de radio, pero todas sus palabras han caído en el cliché. Por fin, mientras graba la historia de su hermano, se le pasa el bloqueo creativo y se le saltan las lágrimas, como en la escena de Nicholson en *Mi vida es mi vida* en la que llora mientras se confiesa con su padre comatoso. David vuelve a casa con su abuelo, que está viendo viejas películas super 8 de sus nietos, los dos hermanos. El super 8 parpadea sobre él mientras se arrastra escaleras arriba hasta su solitario dormitorio.

En la American New Wave, todo se puso patas arriba, incluidos los finales felices de Hollywood.

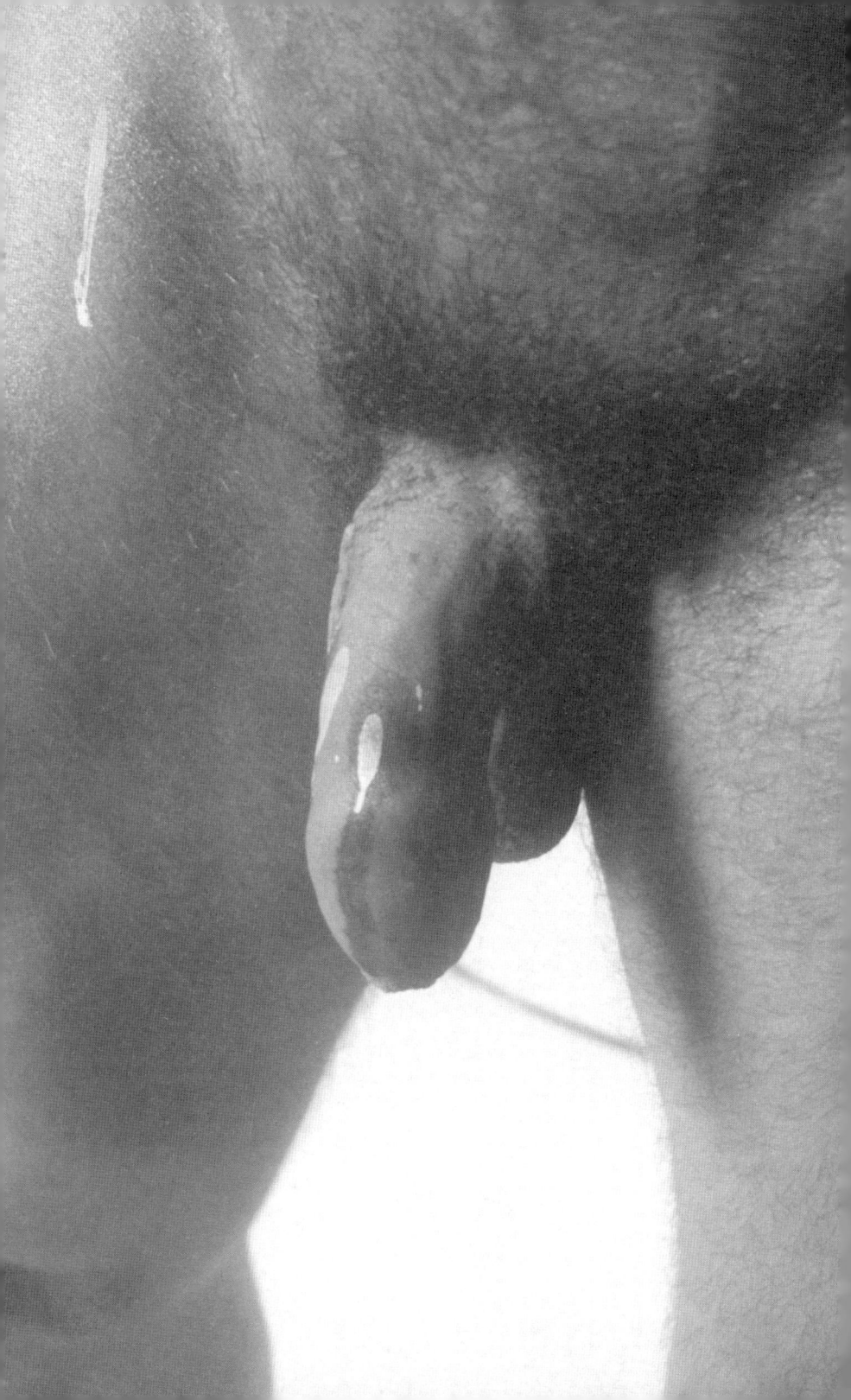

TEL AVIV

Acabo de volver de la Tierra Prometida y, tal como prometía, Israel es bastante espectacular. No es de extrañar que tanta gente se pelee por este precioso trocito de paraíso. Por supuesto, como invitado del Festival de Cine Gay y Lésbico de Tel Aviv y de su maravilloso director, Yair Hochner, que programó este año una retrospectiva de mis largometrajes, escuché sobre todo el lado israelí de las cosas, y me encontré sospechosamente con pocos palestinos, que sin duda tienen una opinión diferente de la tierra que llaman Palestina Ocupada. Una cosa que he aprendido, sin embargo, es a no meter las narices en las complejidades de una situación histórica y política que se remonta a miles de años, y que ni siquiera los principales implicados parecen poder empezar a desentrañar. En lugar de eso, decidí ir a la playa.

Me alojaron en un coqueto hotel boutique frente al mar, en una habitación bien ventilada, con bañera de hidromasaje y una vista espectacular del cálido mar Mediterráneo. En la playa, simpáticos jóvenes israelíes descalzos con pulseras en los tobillos te servían comida y bebida mientras te sentabas en sillas bajo las sombrillas en la arena blanca y cuidabas tu resaca con un libro y un bloody mary. (Mi material de lectura de verano, perfecto para Israel: *¿Qué he hecho?: la autobiografía no autorizada de Larry Rivers*; una historia personal del loco y sexualmente impredecible músico de jazz y pintor judío neoyorquino, contemporáneo de Andy Warhol).

La secular Tel Aviv es una ciudad abierta las 24 horas del día, y sus habitantes salen de fiesta hasta bien entrada la madrugada, por lo que la mayoría de los días empezaban para mí a primera hora de la tarde. Una entrevista ocasional o una sesión fotográfica para un periódico como Ha'Aretz (llamado el New York Times de Israel), en cuya portada (equivalente a nuestra contraportada) de alguna manera he aterrizado, podría haberme despertado antes del mediodía.

Ignorante de mí, me creí el bombo de los medios de comunicación occidentales sobre Israel, así que durante los primeros días esperaba presenciar cómo se volaban escaparates tal como hacía Clive Owen al principio de *Hijos de los hombres*. Pero, por supuesto, esa película estaba ambientada en Londres, y hoy en día casi parece más probable que estalle una bomba terrorista en Marble Arch que en el centro de Tel Aviv. De hecho, no ha habido ningún atentado suicida en Tel Aviv en dos años, y el ambiente general de la ciudad es relajado y cordial, aunque tienes la impresión de que, incluso al día siguiente de un atentado suicida, los resueltos israelíes seguirían de fiesta sin molestarse demasiado. Dependiendo de con quién hables, la reciente ausencia de bombas puede tener que ver con: a) la barrera israelí de Cisjordania (divertido juego de fiesta en Israel: llámalo Muro del Apartheid y verás cómo reacciona la gente); b) el flujo y reflujo natural de una situación política muy fluida, de la que la violencia emana en oleadas (esta es la teoría que me propuso Gal Uchovsky, productor de moda y amante desde hace mucho tiempo del talentoso director israelí Eytan Fox (*Walk on Water*, *The Bubble*), quien también me informó de que sólo los derechistas creen que el Muro hace de Israel un lugar más seguro); o c) los palestinos están demasiado ocupados matándose unos a otros como para preocuparse por los israelíes. Me inclino por esta última teoría, dado que Hamás acaba de arrebatar Gaza al partido Fatah en un sangriento golpe de estado

Aunque es de sobra conocido que Saint Genet se puso del lado de los palestinos, a veces apoyar a Israel no parece una elección difícil para los homosexuales. Después de todo, uno de los primeros edictos emitidos por Hamás tras ser elegido democráticamente fue prohibir la homosexualidad y amenazar su práctica con la cárcel o la muerte. Genet siempre amó el sexo duro. Por otra parte, a muchos judíos ultraortodoxos tampoco les entusiasma la idea de la homosexualidad, como descubrí cuando pasé un día en Jerusalén y marché junto a los entre tres mil y cinco mil participantes en la 6ª Marcha Anual de Gays y Lesbianas. En realidad, la marcha en sí, un asunto refrescantemente serio y político (sin transexuales en topless ni reinonas de la rave sin fondo vomitando por el lateral de carrozas horteras al ritmo de mala música tecno), fue más bien tranquila y sosegada. Esto se debió probablemente al hecho de que había el doble de agentes de policía que de manifestantes participando en la seguridad del evento, bloqueando amplias zonas de la ciudad y no permitiendo que los manifestantes, incluido un judío ortodoxo sorprendido con un artefacto explosivo, se acercaran a menos de un kilómetro de la marcha. Casi me decepcionó que no se les permitiera al menos acercarse a gritos, contrariamente a la función extremadamente controlada y vigilada, casi puramente simbólica, de la que fui testigo, que prácticamente parecía un ejercicio de negación.

También visité la vieja Jerusalén el mismo día, y recogí un poco de tierra antigua de cerca del Muro de las Lamentaciones para mi marido homosexual, que, como sacerdote de la santería, considera sagradas estas cosas. Para mí fue, por decirlo suave, un día lleno de asombrosas contradicciones.

De vuelta en Tel Aviv, probablemente una de las ciudades más gays del mundo, cambié la política por las fiestas. Ya había vivido The Notorious G.A.Y., la infame fiesta de hip hop de los lunes por la noche en el club Lima Lima, donde había algunos de los hombres más sexys en los que he puesto los ojos. Revelación total: allí me fui de fiesta con el editor de esta misma revista y su novio, que se codeaban con Gal Uchovsky y su mejor amigo Ivri Lider, uno de los cantantes pop más sexys de Israel. También pasé una tarde con dicho editor y su querido en la playa gay, que, como todo el mundo sabe, está justo enfrente del Hotel Hilton y justo al lado de la playa ortodoxa, que tiene días alternos para hombres y mujeres y está separada de la playa gay por otro pequeño muro de segregación. Por desgracia, no nos emborrachamos lo suficiente como para bañarnos en la playa ortodoxa, y además era el día de las mujeres.

Unas noches más tarde asistí a una mala fiesta gay en el mismo lugar, llena de raveros desocupados. Un arquitecto gay que no tenía mal aspecto me agarró y me llevó con sus amigos, que me habían reconocido. Parecían avergonzados y se excusaron educadamente, dejándome con el arquitecto, que procedió a decirme cómo Israel debía lanzar la bomba sobre Irán antes de que este tuviera la oportunidad de desarrollar sus capacidades nucleares. Esa es una de las muchas cosas que Israel tiene en común con Estados Unidos: la preponderancia de homosexuales de derechas.

Mi amigo Itai Valdman, un sexy ex-oficial israelí y actual redactor de Time Out Tel Aviv, al que conocí en Berlín, me llevó a pasar una noche en la ciudad con sus amigos, donde visitamos un adorable abrevadero de estilo berlinés llamado Riff Raff, y a dar una vuelta rápida por los dos bares gays oficiales, que son tan lúgubres como los de cualquier otra ciudad del mundo. Nota importante: en Tel Aviv la verdadera acción está en las fiestas semanales de los bares no gays. Entre ellas, la divertida fiesta del jueves por la noche en la que actué como DJ invitado, bajo el nombre Pag (consulta myspace.com/pagit), en la que un público divertido y elegante se entregó a las sustancias ilícitas y bebió en el patio de fuera o bailó dentro hasta el amanecer. En general, las cosas están mucho más relajadas en Tel Aviv de lo que esperaba en cuanto a drogas y alcohol: se puede fumar marihuana abiertamente en los clubes y caminar por la calle, de día o de noche, con una cerveza en la mano.

El festival de cine gay fue bastante estándar: no hay mucho que hacer con las películas homosexuales programáticas y generalmente poco inspiradoras que se hacen actualmente. Pero si vas a ver malas películas gays, más vale que lo hagas en un entorno glamuroso como Tel Aviv.

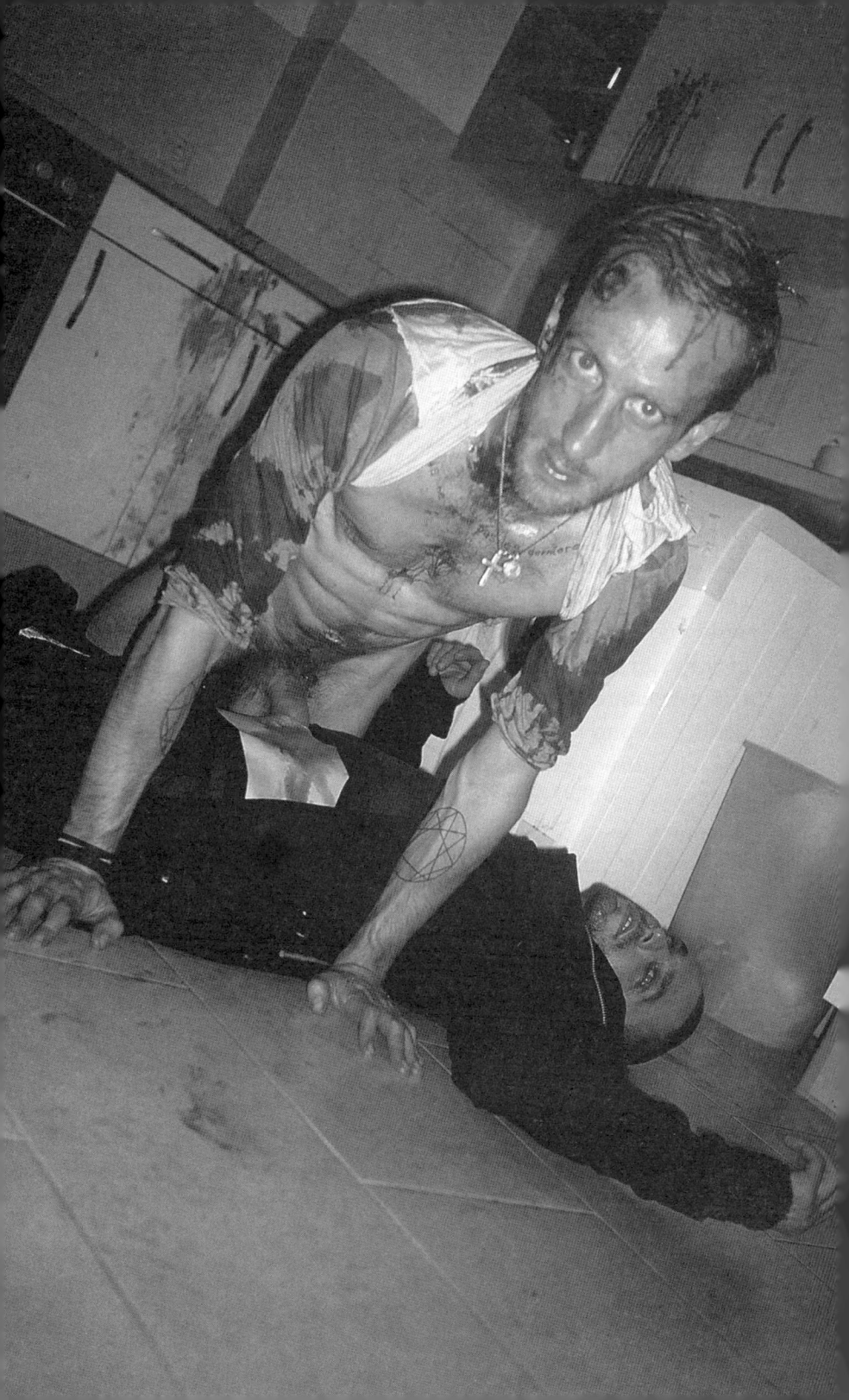

KEMBRA

Una noche en Nueva York

Una noche, Kembra y su novio Colin de Land me invitan a cenar con un par de tías ricas de Texas, de mediana edad y de derechas, que son mecenas del arte y a las que les gusta juntarse con artistas sórdidos y barriobajeros como yo para poder sonsacarles sobre sexo y pornografía. Acabamos quedando con ellas en Balthazar, en el Soho, un restaurante caro conocido por su lujosa clientela. Mientras esperamos por una mesa, Kembra y yo nos vamos a la barra a pedir una pinta de Guinness para mí y un zumo de naranja para ella, porque no bebe ni se droga en absoluto. Por fin llegan las ricachonas y, cuando nos sentamos, Colin se da cuenta de que Richard Avedon y Doon Arbus están en una mesa cercana. Dick parece bastante mayor, pero sigue teniendo ese gran mechón de pelo blanco y esas gafas tan grandes. Kembra atrae todas las miradas porque lleva unos calentadores marrones que le llegan desde los tobillos hasta la parte inferior de la minifalda, una camiseta corta del Departamento de Bomberos de Nueva York, tacones negros y, por supuesto, sus características cejas arqueadas de inspiración divina, dibujadas con un rotulador mágico negro de punta fina sobre las cejas reales depiladas.

Una vez instalados en nuestra mesa, estamos listos para pedir, pero las mujeres se ponen neuróticas con la comida, así que se limitan a pedir patatas fritas, bien hechas, que se sirven en bonitos vasos de metal brillante con pegotes de ketchup y mayonesa. Yo soy el único que pide comida de verdad, como sopa de mejillones y un risotto de gambas increíble, que todas las mujeres tienen que probar y desear haber pedido. Una de las ricachonas se llama Sunny, aunque su carácter podría indicar lo contrario; al parecer, es hija de un antiguo senador y estuvo casada con el hijo de uno de los periodistas más famosos de Estados Unidos, cuya historia tal vez se haya contado en The Insider. Las dos mecenas están muy interesadas en oírlo todo sobre el mundo de la pornografía, engullendo sus patatas fritas mientras se empapan de cada escabroso detalle. Kembra y yo comentamos lo felices que hemos sido en los dos últimos años a pesar de que ambos acabamos de cumplir los cuarenta, y cuando Sunny le pide consejo a Kembra sobre cómo ser feliz, Kembra le sugiere que se haga una almohada bordada con un eslogan de su invención.

Carta de un fan

Querido Bruce: Hace un par de días tuve una pequeña situación sobre la que me gustaría saber tu opinión. Fui a un Mac's Milk a comprar ese ejemplar de Penthouse que sugeriste con las fotos de Eric Kroll de Kembra Pfahler con la vagina cosida. Me acerqué a la mujer del mostrador y estaba toda sonriente y feliz hasta que le di la revista. Su transformación fue impactante. De repente se volvió huraña y brusca. Fue a meter la revista en una bolsa de plástico y le dije que no se preocupara, que me la llevaba tal como estaba. "¡Tiene que ir en una bolsa!", gruñó. Negué con la cabeza. Era más de medianoche y no había niños pequeños en la tienda ni en el aparcamiento, pero aun así esa mujer pensó que sería mejor joder el medio ambiente y perder dinero en envoltorios innecesarios que dejarme salir de la tienda con un ejemplar de Penthouse ya envuelto en plástico.

Estoy seguro de que ya has experimentado mierdas como esta, pero mi pregunta es: si comprar porno hace que la gente te aborrezca, ¿qué demonios pasa cuando eres quien lo hace? He considerado las películas para adultos como una posible vía para impulsar mi carrera, pero he oído rumores (creo que lo mencionaste de pasada en tu última carta) de que la gente que hace películas porno entra literalmente en la lista negra de la industria mainstream. ("Mainstream" significa conseguir financiación de empresas e instituciones para costear las películas). En fin, si puedes responder a esta pregunta te lo agradecería mucho.

Una sesión de fotos en Los Ángeles

Suena el teléfono y es mi querida amiga Kembra Pfahler, extraordinaria superestrella underground, que tiene una propuesta para mí. Me pregunta si podría considerar la posibilidad de fotografiarla a ella y a sus secuaces realizando su infame "Muro de la Vagina", para documentarlo para la posteridad, ya que planea retirar pronto ese número. Todavía estoy bastante agotado creativamente tras el fin de semana, y vuelo de vuelta a Toronto el miércoles así que tendría que ponerme las pilas y hacerlo mañana, pero no puedo dejar pasar la oportunidad de trabajar con Kembra.

Al día siguiente me recoge hacia el mediodía un nuevo ayudante de cámara que prácticamente he escogido de las páginas amarillas, y tras alquilar el equipo de iluminación nos dirigimos al Hotel Highland Gardens de la avenida Franklin de Hollywood, antiguo Hotel Landmark Motor, el mismo lugar donde Janis Joplin murió de sobredosis a los 27 años hace unos 31. Teniendo en cuenta su salvaje historia, me imagino que debe de ser una casa de alterne de rocknroll donde podré realizar sin problema una sesión fotográfica con cuatro chicas con los coños afeitados y vestidas sólo con pintura corporal, tumbadas boca abajo una encima de la otra para formar una pared de vaginas, mientras una quinta vierte una sustancia acuosa parecida a la avena en la vagina superior para que gotee de una vagina a la otra sin que nadie se dé por enterado. Kembra me ha asegurado que ya lo ha aclarado con la dirección, que la adoran, que podemos rodarlo en el jardín de flores del patio y no habrá ningún problema.

Me encanta Kembra. Cuando mi novio musulmán, que es muy espiritual, la conoció, me dijo que era una diosa de otra dimensión, y no podría estar más de acuerdo con él. Cuando llego al hotel a la hora acordada, me doy cuenta de que parece haber muchos niños chapoteando en la piscina del patio, y todos los huéspedes tienen un aspecto espantosamente normal. Entro en la habitación de Kembra y la encuentro a ella y a otras tres mujeres semidesnudas aplicándose obedientemente el maquillaje corporal, cada una de un color distinto, mientras Kembra se arregla sus grandes y terroríficas pelucas negras. Me informa de que van un poco retrasadas y que una de las vaginas aún no ha aparecido. Un par de viejos amigos neoyorquinos de Kembra, pertenecientes al cine de vanguardia, están allí echando una mano, al igual que Rick Owens, el famoso diseñador de moda, que va a hacer que Kembra modele una de sus creaciones para la última edición de Vogue. Mi ayudante y yo empezamos a colocar las luces en el jardín de flores, que está situado a unos tres metros de una hilera de habitaciones de la planta baja con dobles puertas correderas de cristal, cada una de las cuales da a un pequeño patio. Ya hemos empezado a llamar la atención, con niños pequeños que se reúnen para ver qué estamos haciendo.

Varios clientes del hotel empiezan a quejarse de que estamos bloqueando el paso a la piscina con nuestro equipo, y finalmente la gerente, una mujer severa de Europa del Este, se acerca dando zancadas. En ese momento, dos de las chicas con todo el cuerpo pintado, envueltas en pequeñas toallas blancas, bajan para posar para una Polaroid. "Esas chicas no están desnudas bajo de las toallas, ¿verdad?", me pregunta con suspicacia. Por lo visto, Kembra no ha mencionado que puede haber desnudos en la sesión. "No", le aseguro, "Llevan pintura de cuerpo entero". "Pero no están desnudas ahí debajo, ¿verdad?", insiste. "No", le repito. "Llevan el cuerpo pintado". Por tercera vez, pregunta: "Pero no están desnudas, ¿verdad?". Por tercera vez le aseguro: "No, llevan pintura de cuerpo entero". Viéndose superada, se da por vencida, pero me advierte de que se marcha y que será mejor que no reciba ninguna llamada de teléfono quejándose de lo que estamos haciendo. Por alguna razón no se ha dado cuenta de que ya hemos arrancado las flores de la mitad de las plantas del jardín y de que las chicas están completamente desnudas bajo esas toallas.

Casi dos horas después de la hora acordada, Kembra, las chicas y sus vaginas están listas para los primeros planos. Para entonces el sol se está poniendo, y mi ayudante sólo ha traído un paquete de pilas, así que nos estamos quedando sin energía. También se pone muy nervioso cuando las chicas se quitan las toallas y se sientan en la plataforma que hemos construido, sobre todo cuando se da cuenta de que hay un par de adolescentes sentados en sillas de jardín fuera de su habitación observando la acción con grandes sonrisas en sus caras. Me susurra al oído que no está dispuesto a que lo acusen de poner en peligro a menores, y amenaza con desconectar. Me hago el guay y le digo a Kembra que pida a los chicos que se vayan a dar una vuelta. Kembra, con una chocante pintura corporal azul, una gran y terrible peluca negra y una toallita blanca, se acerca a los chicos y les dice dulcemente: "Tenéis dieciocho años, ¿verdad?". Ellos asienten enérgicamente con la cabeza. Esto es mucho mejor que el canal Playboy. Por fin sale su hermana mayor y promete que no se lo dirán a sus padres. Resumiendo, las chicas se montan la una a la otra, grabamos el muro de vagina justo antes de que el sol caiga bajo el tejado del hotel y, aunque con prisas, acabamos documentando con éxito esa maravilla hecha con mujeres.

Ha sido un día tenso y agotador, y aunque no he tenido tiempo de rodar todo el material que quería, los resultados son bastante espectaculares, tengo que admitir. Pero con Kembra, ¿cómo no iban a serlo?

Visiones del exceso en Birmingham

Intento distraerme de mis insignificantes problemas dedicándome a la decoración de mi habitación, que, según me cuenta Kembra, recuerda bastante a la obra de su buen amigo el famoso artista/fotógrafo neoyorquino Jack Pierson, que me fotografió hace mucho, mucho tiempo dándole caña a un musculitos de Atlanta en su estudio, encima de un sórdido escaparate de la calle 42. Kembra se lo ha montado muy bien, adornándose con su característica pintura corporal azul y una peluca negra espantosa. Su cuarto consiste en paredes blancas lisas y papel blanco sobre un caballete, frente al cual ella, vestida con una bata blanca de laboratorio, explica su teoría del Todismo y el Disponiblismo. Me encantan los minimalistas. Llegaron sin nada, no tienen nada y van a irse sin nada, como el resto de nosotros.

Visita a un Pequeño Plató Porno

En mi última noche en Nueva York me invitan a un extraño lugar en medio de Queens, un estudio fetichista pornográfico, apropiadamente llamado Gotham, para visitar a mi amiga la diosa del sexo clandestino Kembra Phahler. Kembra lleva años trabajando para esta compañía en particular, actuando en clásicos como *Bent to her Will*, *Boxing Bitches* y *P.L.O.W* (Punk Ladies of Wrestling). Me cuenta que actualmente están trabajando en un numerito titulado *Wanted: Osama Ass-A-Hola*, en el que aparece un tipo barbudo vestido como Osama Bin Laden que está siendo torturado sexualmente por un par de dominatrix, entre ellas Kembra con un burka negro. Es un material muy candente, teniendo en cuenta que sólo han pasado tres meses desde el 11-S, pero eso es lo que lo hace tan catártico. Me dice que salga y haga algunas fotos. Llamo con impaciencia al servicio de coches del Lower East Side y me dirijo a la axila de América.

Debería haber sabido que esto iba a ser más difícil de lo que pensaba, porque la última vez que cogí un servicio de coches para ir a Queens, a visitar el plató de la película de Harmony Korine *Julien Donkey-boy*, el conductor se perdió irremediablemente, obligándome a sentarme en el asiento trasero durante una buena hora y media mientras averiguaba por dónde ir y por poco me cago en los pantalones (resulta que tenía diarrea). Y eso fue a plena luz del día. Esta vez llueve a cántaros y la oscuridad es total, más negra que las más negras entrañas del infierno. Para reforzar esta imagen, pasamos junto a un horrible accidente en la autopista en dirección contraria, un tractor-remolque descarrilado que ha aplastado a un pequeño escarabajo volkswagen. Es exactamente igual que la escena de *El Resplandor* en la que Scatman Crothers se encuentra con un espectáculo similar cuando va hacia el norte para ver qué maldad se está cociendo en el Hotel Overlook.

Cuando llegamos a Corona, Queens, el conductor, un joven puertorriqueño muy guapo con coleta, sigue la calle que le he pedido, pero se encuentra con un callejón sin salida antes de llegar a la dirección correcta. Esto significa que la calle debe continuar en otra parte, pero por desgracia tarda literalmente dos horas en averiguar exactamente dónde. Mientras conducimos en círculos, pasando por los mismos edificios miserables cubiertos descuidadamente con deprimentes luces de navidad medio quemadas, intento hablar con él, pero resulta que no habla ni una palabra de inglés. Afortunadamente llevo el móvil encima, así que llamo a Kembra para que me indique cómo llegar. Por desgracia, el municipio está planificado de forma tan desordenada que no hay forma de explicar dónde estamos, ni de que ella me explique cómo llegar a donde está. Es una auténtica pesadilla kafkiana, que sólo termina cuando por fin comunico al conductor, mediante una combinación de lenguaje de signos y telepatía, que debe parar y preguntar cómo llegar. Tras varias paradas en tiendas y gasolineras, por fin encuentra a alguien que habla español y, de algún modo milagroso, llego al estudio con sólo dos horas de retraso.

Por desgracia, ya es casi medianoche; ya le han afeitado la barba a Bin Laden, que yace atado boca abajo en medio del suelo del estudio, cubierto de cadenas, cera caliente y Dios sabe qué más. El dueño del estudio, su cámara y varios empleados más están de pie, ladrando instrucciones. Todos parecen tener más de sesenta años. El fotógrafo parece un miembro de los Ángeles del Infierno, y el travesti que está siendo azotado y torturado resulta ser un ayudante de producción al que acaban de ascender a estrella ese mismo día porque uno de los artistas no se presentó. La rubia dominatrix es una vieja profesional que realmente sabe cómo golpear y azotar. En medio de toda la actividad está Kembra que, deliberadamente quieta, habla por teléfono como una autómata, mirándome distraídamente y riendo. Al parecer, hace el vídeo únicamente porque le debe un par de favores al dueño de la compañía, así que no quiere esforzarse demasiado, ¿y quién podría culparla?

Entre azote y azote, tengo la oportunidad de charlar con la travesti, que parece tener unos treinta años. Está en baja forma y un poco descolocada, con la peluca ligeramente torcida, cojeando con sus zapatos de tacón de la talla 47. Se queja de que, cuando era hombre, los demás la trataban con bastante respeto, pero ahora que es mujer siempre intentan darle una paliza. Aunque no parece importarle mucho. Tiene la espalda cubierta de enormes y feas ronchas y largas líneas sangrantes producidas por el látigo. Hago unas cuantas fotos de la carnicería.

Lamentablemente, Kembra ya se ha quitado el burka por esta noche. También se le ha olvidado mencionar que el dueño del estudio se pondría en plan Al Qaeda conmigo si me pillaba haciendo fotos. Por suerte, se lleva a escondidas el burka, que ella misma ha creado, a un retrete y me invita a entrar para una pequeña sesión de fotos improvisada. Con la cara velada, se sube la larga prenda negra para mostrar sus medias negras y sus ligueros, y luego su coño afeitado. Es muy político.

Afortunadamente, Kembra tiene un todoterreno, así que me lleva de vuelta a Manhattan. Por desgracia, parece que no sabe conducir. Pero no importa, porque tenemos una gran conversación de camino a casa. A pesar de mis calvarios cuando trabajo con Kembra, el placer de su compañía siempre hace que merezca la pena.

ÍNDICE

Contra la cultura
de Bruce LaBruce,
compuesto con tipos Montserrat en créditos
y portadillas, y Cormorant Garamond
en el resto de las tripas,
bajo el cuidado de Dani Vera,
se terminó de imprimir
el 30 de marzo de 2024. El mismo día,
en 1689, la iglesia católica censuraba
definitivamente al filósofo polaco Casimir Liszinski,
condenándolo por ateísmo y quemándolo vivo en
Varsovia junto con sus escritos.

NIHIL OBSTAT

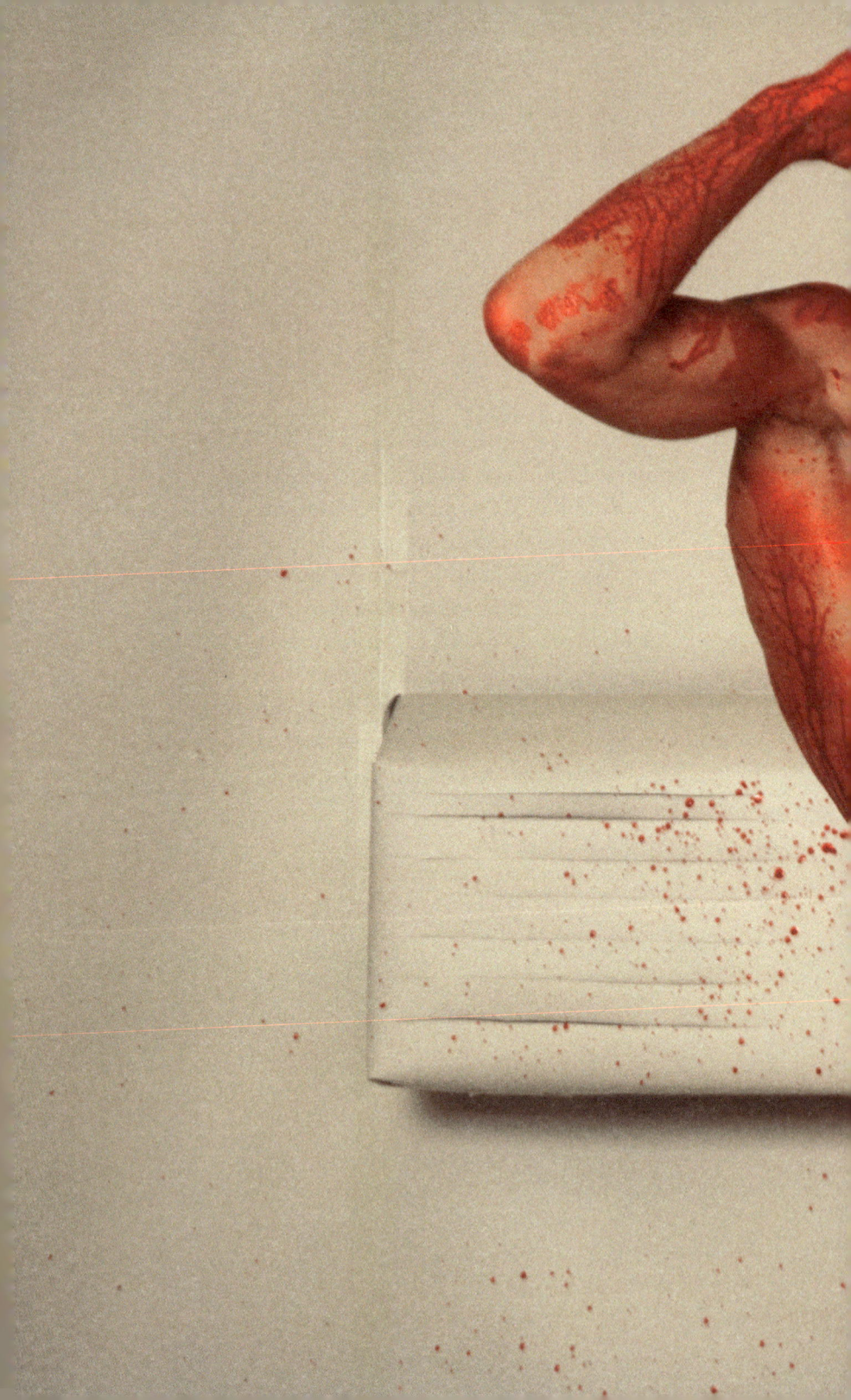